愛され続ける

十六茶のひみつ

goma
oolongcha
ryokucha
kumazasa

自然の力で、美しくすこやかに。
いま欲しいのは、
そんな願いを叶えてくれるお茶。
「十六茶」のある暮らし、
あなたも始めませんか?

konbu
amachazuru
ashitaba
habucha
teishi
oomugi
genmai
hatomugi

はじめに

飲料業界に「ブレンド茶」という
新しいジャンルの旋風を巻き起こした「十六茶」。
身体に良くて、美味しくて
どんなシーンにも、どんな料理にも合うため、
長年にわたって多くの方々に愛され続けてきました。
実は、その生みの親が、
静岡の化粧品メーカーだということをご存知でしたか？
化粧品メーカーが、なぜブレンド茶を？
そのルーツをひもとく

「十六茶誕生のひみつ」から、
「16という数字のひみつ」、
そして、「美味しさのひみつ」まで。
「十六茶」を生んだメーカーの社員が、
声を大にして伝えたい「十六茶のひみつ」を
この一冊にギュッとまとめました。
社員おすすめの飲み方や、アレンジレシピも満載。
今まで、なんとなく飲んでいた「十六茶」が、
もっと美味しく、もっと楽しく味わえる。
魅力いっぱいの「十六茶」ガイドブックです。

CONTENTS

新撰
十六茶
無香料・無着色
香ばしく、後味すっきり、カラダにやさしいお茶です。
自然に育まれた十六種類の素材をブレンド
ハトムギ
緑茶
大麦
玄米
ハブ茶
黒豆
烏龍茶
昆布
霊芝
熊笹
柿の葉
アマチャヅル
ゴマ
紅花
キダチアロエ
アシタバ
CHANSON COSMETICS

第1章

「十六茶」誕生のひみつ

香ばしくまろやかな風味と健康的なイメージ。
「十六茶」は、ブレンド茶の定番として
愛され続けているロングセラー商品です。
16種類の自然素材をブレンドするという発想は
いったいどこから生まれたのでしょうか。

化粧品メーカーから生まれた「十六茶」

ハトムギ・大麦・緑茶・玄米・霊芝・ゴマ・黒豆…。健康に良いとされる自然素材を複数配合したブレンド茶は、今や清涼飲料の定番として様々な商品が店頭に並ぶようになりました。

そんなブレンド茶が飲料業界で旋風を巻き起こしたのは、1993年。アサヒ飲料（当時のアサヒビール）から、16種類の素材をブレンドした「十六茶」が缶飲料として発売されたことがきっかけでした。当時は、健康ブームから「杜仲茶」が全盛の時代。健康素材を16種類も配合した新規性から、一躍「十六茶」はヒット商品の仲間入りをしました。その後、多くのブレンド茶が世に送り出され、緑茶やウーロン茶と同様に無糖茶飲料の定番商品となったのです。

ですから、「十六茶」は〝ブレンド茶のパイオニア〟と呼ばれています。しかし、そんな「十六茶」を開発したのは、実はお茶どころ静岡に本社をかまえる化粧品メーカーでした。

1980年代

1985年（昭和60年）
シャンソン化粧品より
煮出し用ティーパック
初代「十六茶」誕生

業務提携

1990年代

1991年（平成3年）
「SO-D 十六茶」発売

1993年（平成5年）
「十六茶」リニューアル

1993年（平成5年）
アサヒ飲料より
「お茶どうぞ十六茶」缶発売
一躍大ヒット商品に

缶入りの「アサヒ十六茶」の原型となった煮出し用ティーパックタイプの「十六茶」が生まれたのは、缶飲料の「アサヒ十六茶」誕生に先立つこと8年前、１９８５年のことです。発売元は、１９４６年の創立以来、女性の美を追求し続けてきたシャンソン化粧品。

なぜ、化粧品会社がブレンド茶を?と思われるかもしれませんが、シャンソン化粧品の企業理念は「Beautiful & Healthy」。「健康あってこその美容」であると常に考えていました。すでに当時、ビタミンを健康食品として商品化し、化粧品とともに販売もしていました。ですから、化粧品メーカーでありながらも「健康と美容に良いお茶」の開発に着手したのは、とても自然な発想だったのです。

その後も、シャンソン化粧品からは抗酸化力の高い素材に着目した「SO-D 十六茶」が発売され、アサヒ飲料からはカフェインゼロの「十六茶」が発売されるなど、「十六茶」ブランドは幅広いバリエーションを展開しています。

2000年代

2013年（平成25年）
「SO-D 十六茶」
リニューアル

2003年（平成15年）
「新撰 十六茶」発売

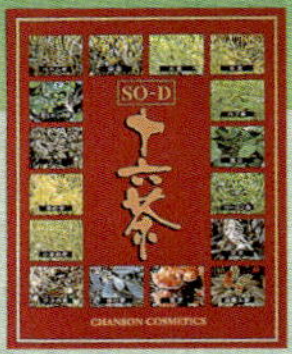

2003年（平成15年）
「新SO-D 十六茶」発売

2005年（平成17年）
アサヒ飲料より
ノンカフェインの
「十六茶」発売

なぜ、ブレンド茶なのか？

シャンソンが目指す「健康と美容に良いお茶」として、候補はいろいろありました。緑茶はもとより、ハーブティー、ハトムギ茶、ドクダミ茶など…。でも、毎日飲むものですから、やはり味が決め手。そこで、煎ると香ばしく、日本人の好みにも合う「ハトムギ」に着目しました。

そして、化粧品メーカーですから、「化粧品のように様々な原料をブレンドしたらどうか？」と考え、試行錯誤を重ねました。医師や大学教授、お茶どころ静岡の茶業関係者からも、貴重なアドバイスをいただきました。

そしてついに、16種類の自然素材をそれぞれにあった条件で焙煎するという方法にたどり着きました。素材ごと焙煎した後に割砕し、最後にブレンドするのです。16種類の比重が違う素材を均一に混ぜる工程は企業秘密。緑茶や麦茶など1種類の素材を使ったお茶と比べて、実に16倍以上の手間をかけ、絶妙な香りと味のブレンド茶ができ上がったのです。

静岡生まれのヒット商品「十六茶」

このようにして、1985年に煮出し用ティーパックタイプの「シャンソン十六茶」が誕生。その後、異業種交流の場でアサヒ飲料（当時のアサヒビール）との出会いがあり、缶飲料として発売することとなりました。

現在、アサヒ飲料では、富士山工場など全国数カ所で、シャンソン化粧品が提供する原料を元に「アサヒ十六茶」を製造しています。富士山工場で使う水は、敷地内の地下深くからくむ地下水。富士山は「水の山」とも呼ばれ、年間20億トンもの降雪降雨を溶岩層の地下に蓄えます。溶岩層で、長い年月をかけて自然ろ過され、清らかで口当たりの良い水が生まれるのです。「アサヒ十六茶」には、この地下水をさらに磨き上げたものが使われます。

また、「アサヒ十六茶」の缶やペットボトルの商品ロゴは、静岡市駿河区馬渕の書道家の作品で、「シャンソン十六茶」オリジナルロゴを基にしています。このように、「アサヒ十六茶」は静岡から誕生したヒット商品とも言えるのです。

アサヒ飲料（株）富士山工場

アサヒ飲料とのコラボレーション

現在、煮出し用ティーパックタイプをシャンソン化粧品が、缶やペットボトルタイプをアサヒ飲料が販売しています。

この「シャンソン十六茶」と「アサヒ十六茶」では、使用されている素材の種類が少し異なり、またどちらもリニューアルのたびに少しずつ素材の種類を変えています。

これは、リニューアルした商品に新鮮なイメージを与えるためですが、新しいブレンドを生み出す際には、アサヒ飲料とシャンソン化粧品が情報を交換しながら試作を繰り返し、商品開発を行っています。こうした異業種交流の中で、シャンソン化粧品とアサヒ飲料の開発スタッフが共同開発を行った「ダイエットブレンド 十六茶」が誕生しました。ポリフェノールを豊富に含んだ素材を厳選し、美容効果を訴求したダイエットブレンドは、美容に関心が高い女性を中心に好評を博しました。

このように、素材の組み合わせや、コラボレーションによる相乗効果には、まだまだ無限の可能性が秘められています。これから生み出される新しい「十六茶」にも、どうぞご期待ください。

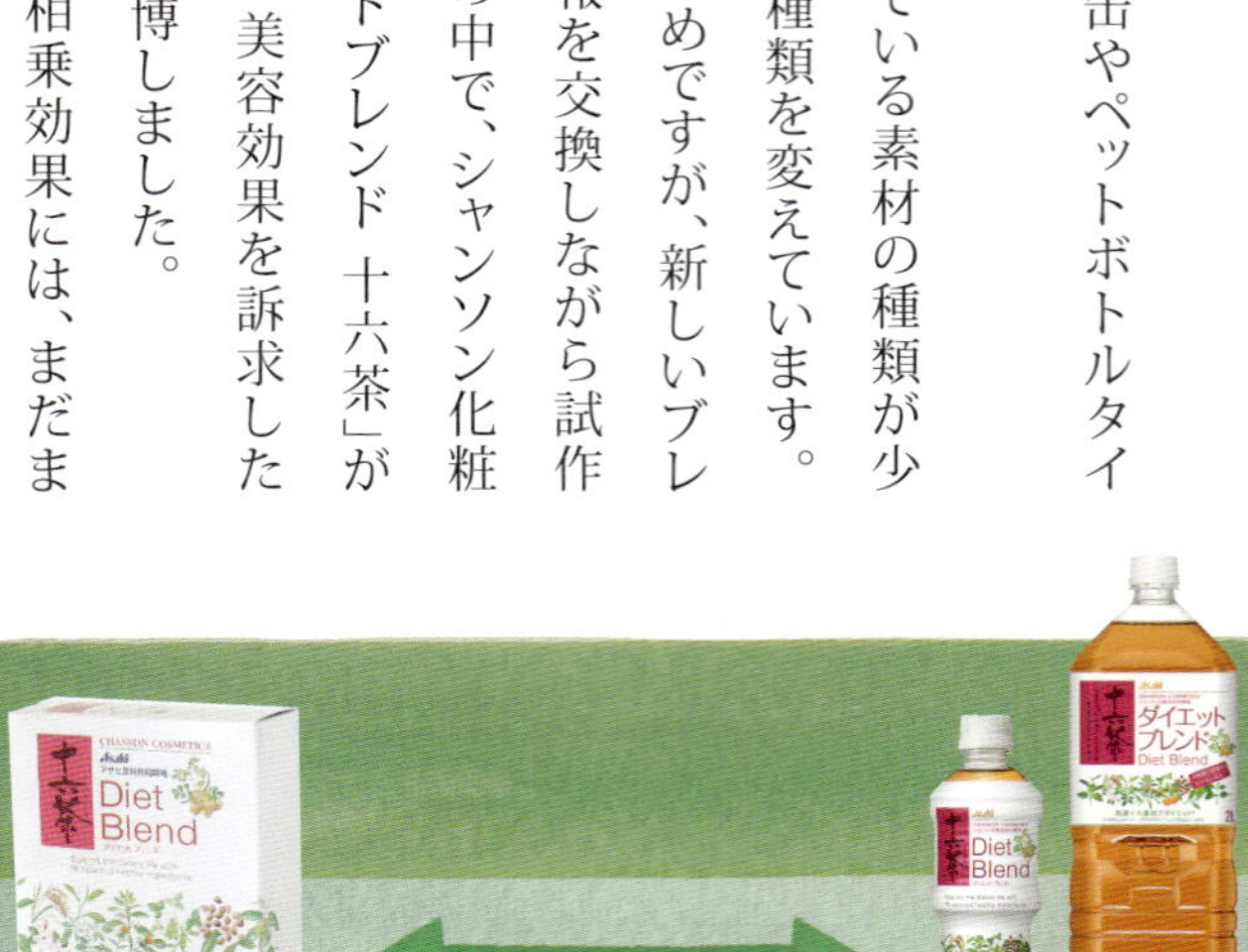

2011年（平成23年）
シャンソン化粧品と
アサヒ飲料が共同開発
「ダイエットブレンド 十六茶」発売

2012年（平成24年）
煮出し用ティーパック
「ダイエットブレンド 十六茶」発売

第2章

「十六茶」と漢方基礎知識

自然の力で美しく健康に。
そんな思いから開発された「十六茶」は、
東洋医学や漢方の考えにヒントを得ています。
毎日飲むお茶で身体の中から美しく。
「十六茶」には身体をいたわり、健やかに保つひみつが
ぎゅっとブレンドされています。

漢方の力で美しく健康に

知っているようで知らない漢方のこと。「十六茶」の原点となった漢方には独自の診察法や考え方があります。

疲れた時に甘いものが欲しくなったり、暑くなったら汗を出して体温を下げようとしたり…。私たちの身体には、自分の心や身体に起きている様々な不調を、これ以上悪くならないよう初期段階で防ごうとする「自然治癒力」が備わっています。

しかし現代では、オーバーワークや食生活の乱れ、様々なストレスにより、自分でも気づかないうちに心身の疲れを重ね、この自然治癒力を弱めてしまっている人が増えています。

そこで注目を集めているのが、漢方の医学。単一の症状ではなく、総合的に身体のバランスを取り戻し、全身の自然治癒力を高めることで様々な不調を回復させます。

1976年には漢方にも健康保険が適用され、現在は一般の病院診療にも浸透。身体への負担が軽く、副作用も少ないことから、医師の約9割が漢方薬を処方した経験があると答えています。

心と身体に良いこと、それが漢方です。

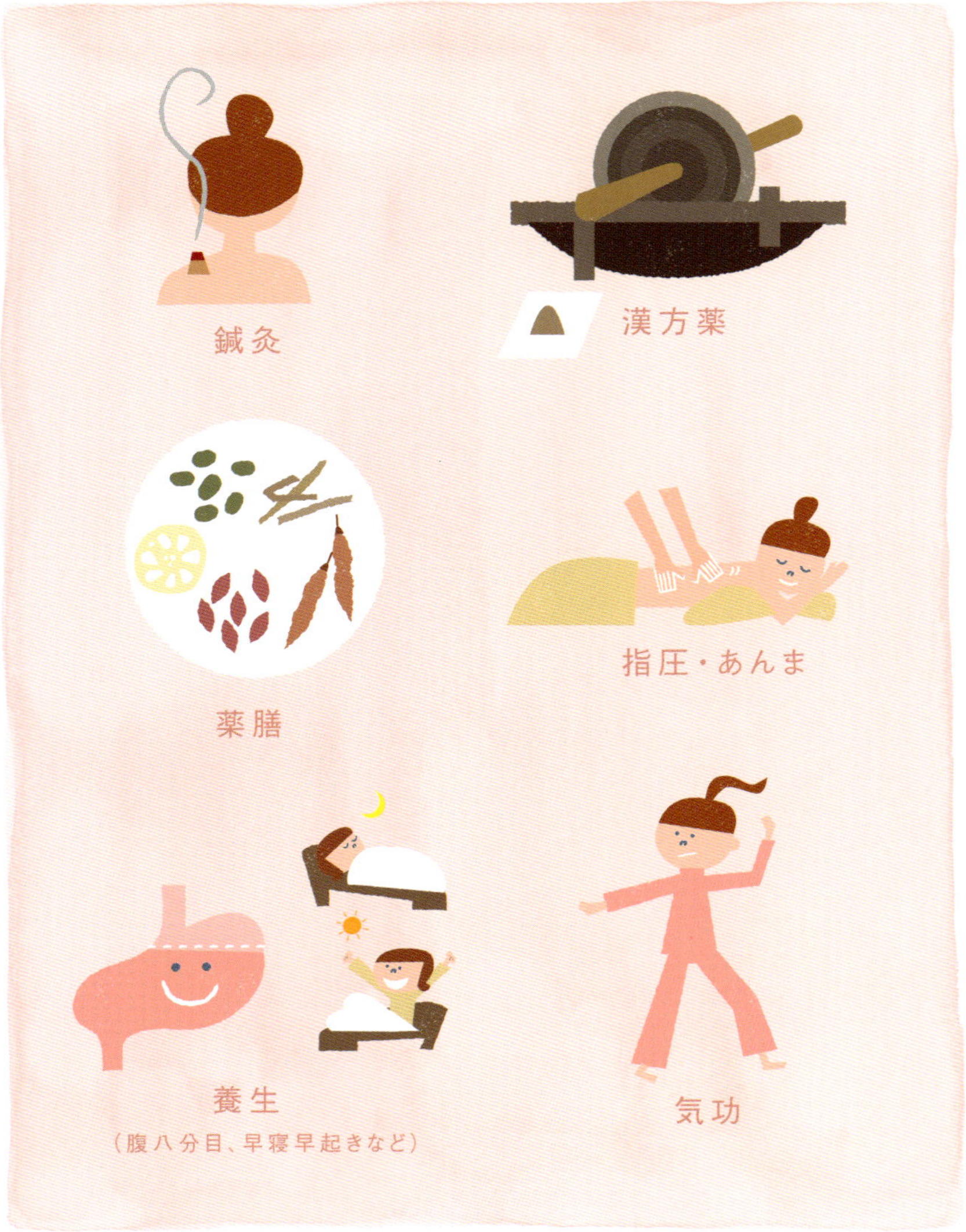
鍼灸
漢方薬
薬膳
指圧・あんま
養生
（腹八分目、早寝早起きなど）
気功

東洋医学と西洋医学の違い

西洋医学は、病院の診療科が内科の中でも呼吸器科、循環器科など身体の臓器や器官などに分けられていることからもわかるように、病気に的を絞った医療。一方で東洋医学は病気ではなく人に主体を置き、身体全体のバランスをみて治療を進めていきます。病気になってから治すだけではなく、病気になる前に病気にならない体質にしていこうというのも東洋医学の特長です。

西洋医学

病気に主体を置く
病気の局部を治療
外傷や細菌性感染など緊急の治療が得意分野
科学的に実証された合成薬を処方

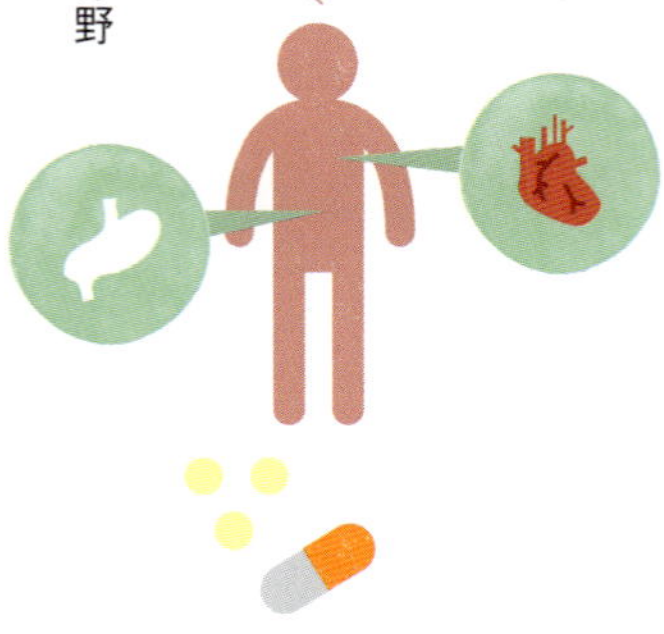

東洋医学

病気ではなく人に主体を置く
患者の身体を総合的に治療
自然治癒力を引き出し、慢性の症状や
未病の治療による病気の予防が得意分野
臨床で実証された自然素材を複合して処方

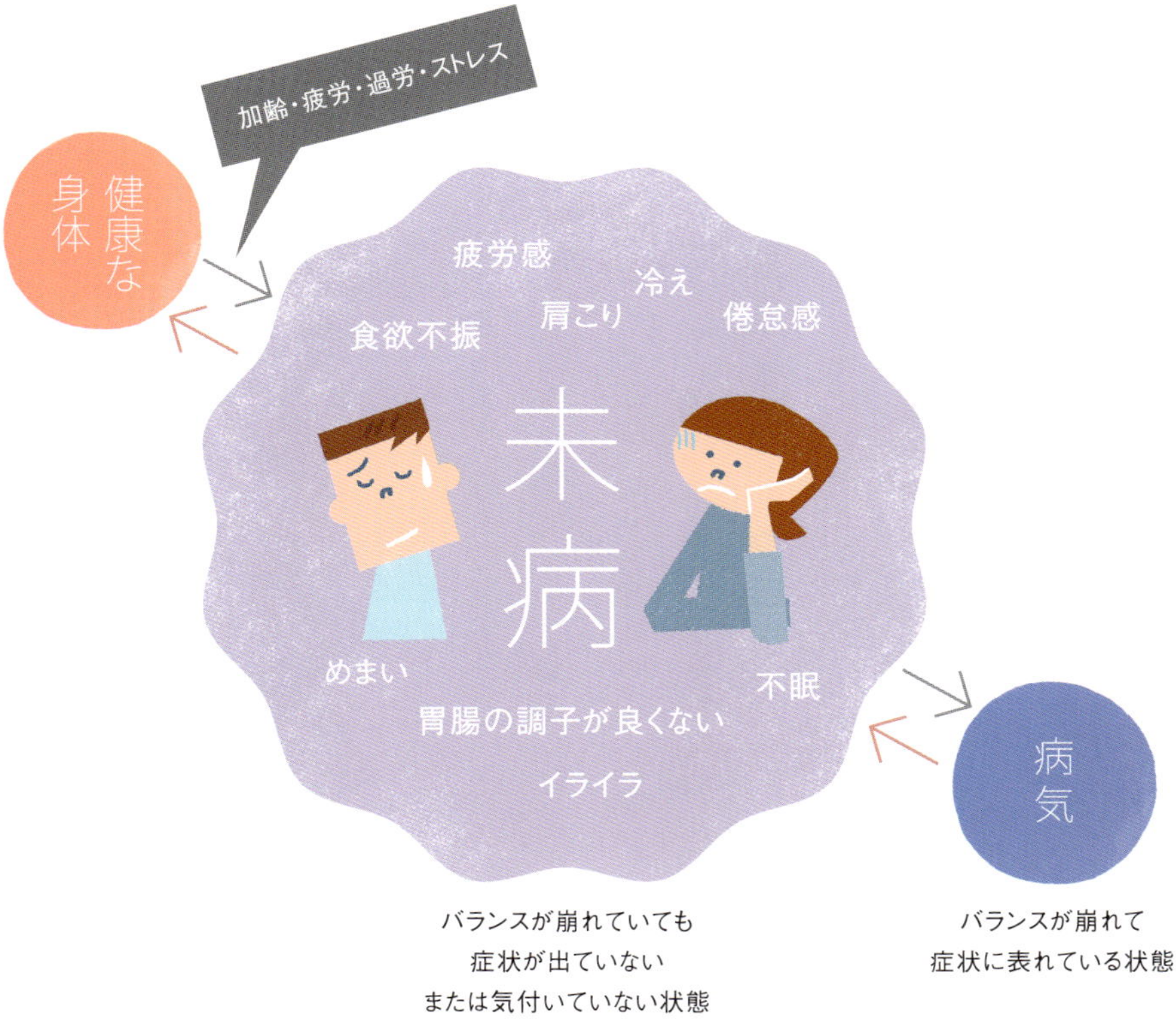
加齢・疲労・過労・ストレス
健康な身体
疲労感
冷え
肩こり
倦怠感
食欲不振
未病
めまい
不眠
胃腸の調子が良くない
イライラ
病気
バランスが崩れていても
症状が出ていない
または気付いていない状態
バランスが崩れて
症状に表れている状態

未病は身体からの大切なサイン

未病とは病が芽生える前の初期段階、つまり病気未満の状態のこと。「なんとなくだるい」「疲れやすい」「手足が冷える」「食欲がない」など、このような身体のサインを感じても、これくらいの症状で病院へ行くべきか、迷う人もいるはずです。また、病院へ行ったとしても検査で異常が見つからないケースもあります。

漢方は、このような未病を改善し、病気を予防することを得意分野とします。小さな不調がいずれ大きな病気へとつながらないよう、未病のサインを見過ごさないことが大切なのです。

漢方薬をヒントに生まれた「十六茶」

漢方は2千年以上前の中国で生まれた伝統医学がルーツ。日本の風土や日本人の体質に合うように改良され、現在の漢方になったと言われています。長い年月をかけてどの薬がどの症状に効くのか、多くの人々を治療し、効果や安全性が確かめられた医学です。

漢方薬とは身体に良い効果を持つ天然素材「生薬」を数種類ブレンドして効果を高めたもの。生薬の種類は5千種類以上にも及ぶと言われています。こうした生薬を細かく刻んで混ぜ合わせ、それを煎じて飲むというのが元々の漢

方のスタイルです。

生薬にはそれぞれ効果があり、それを複数組み合わせることで単純に足し算する以上の効果が科学的に証明されているのも、漢方のすごいところ。

身体に良い健康素材をブレンドする。まさに「十六茶」は漢方薬をヒントに誕生し、毎日の食生活を楽しみながら健康をつくる「医食同源」※にも通じているのです。

※「医食同源」とは食べ物と薬の源は同じで、日頃からバランスの取れた美味しい食事を摂ることで病気を予防し、治療しようとする漢方の考え方。

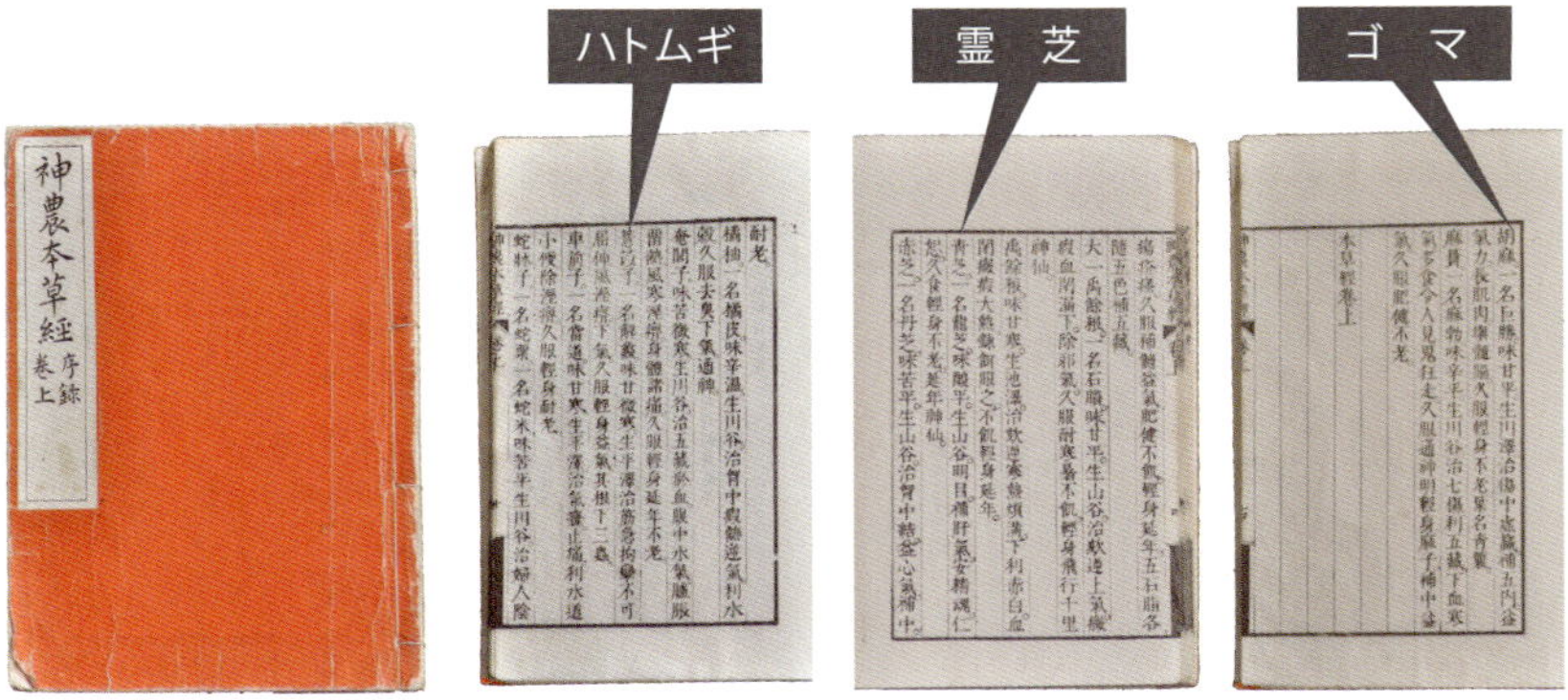

神《しん》農《のう》本《ほん》草《ぞう》経《きょう》　長野電波技術研究所 所蔵

今から約2千年前に書かれた中国最古の薬学書「神農本草経」には、365種類の生薬についてまとめられ、「十六茶」の主要素材「ハトムギ」や「霊芝」「ゴマ」が上品《じょうぼん》（副作用がなく、毎日摂取して体質を強化する生薬のこと）として記載されています。

なぜ十六茶？15でも17でもないその理由

お酒を飲んだときなど、「五臓六腑にしみわたる」と言ったりします。この言葉はもともと漢方から生まれたもの。私たちの身体をつくる大切な要素です。

中国最古の医学書と言われている「黄帝内経《こうていだいけい》」には、人体は「六臓六腑」、つまり6つの臓と6つの腑から構成され、これらを合わせた12の臓腑が目に見えない経絡《けいらく》を通して結びついていると記されています。この経絡を通じてエネルギーが全身を巡り、六臓六腑が正常に機能することこそが健康と言えるのです。

そこで、この六臓六腑に働きかける生薬を選び、身体のバランスに働きかけるとともに、私たちの舌が感じる、甘い、苦い、しょっぱい、すっぱいの4つの味覚をバランスよく刺激し、美味しく飲みやすい味わいを実現したのが「十六茶」。

こうして身体全体のバランスを整え、老若男女を問わず安心して美味しく飲める、他にはないブレンド茶が生まれたのです。

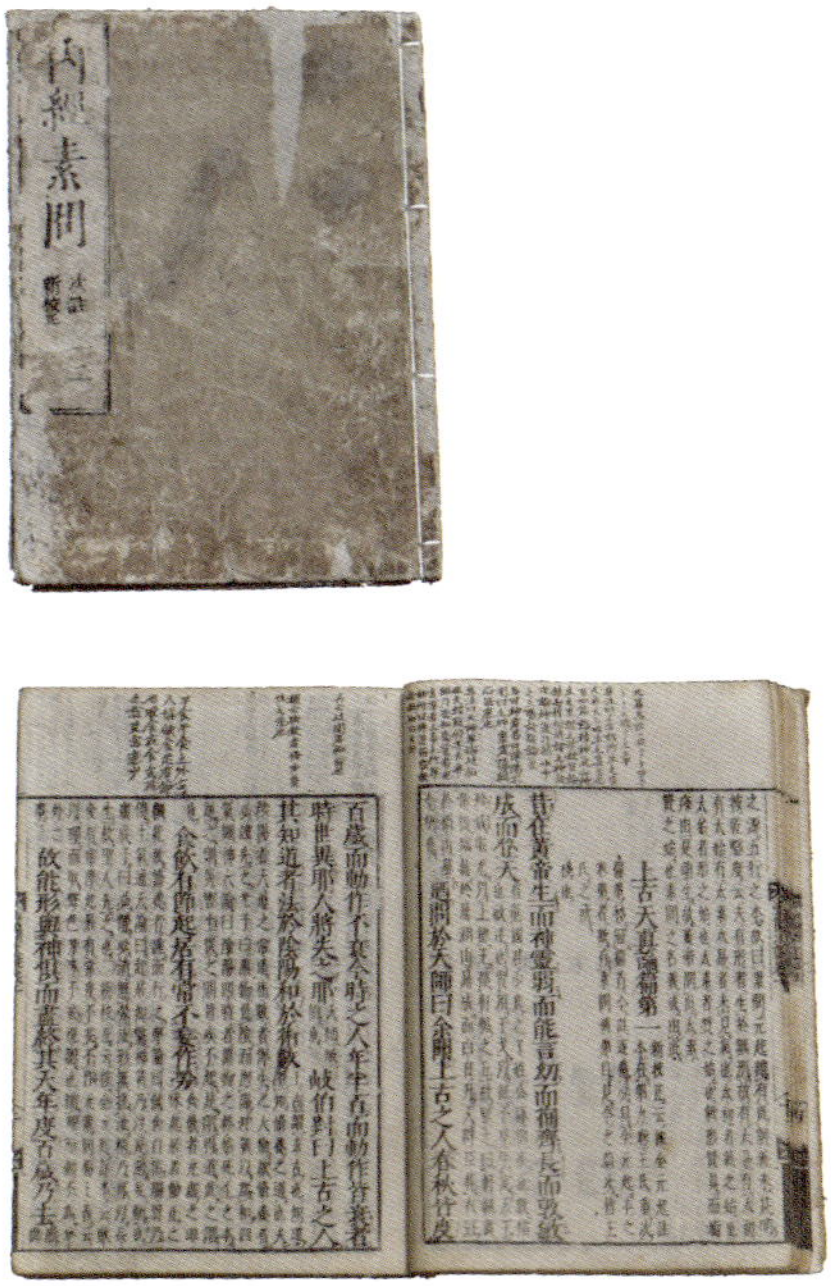

黄帝内経《こうていだいけい》　長野電波技術研究所 所蔵

約2千年前の医学書「黄帝内経」には、六臓六腑の考え方や、“上工は未病を治し已病を治さず”（腕の良い医者は病気になってから治すのではなく、未病を治す）と記されています。

＋ 4味覚＝十六茶

身体の外側のバランス

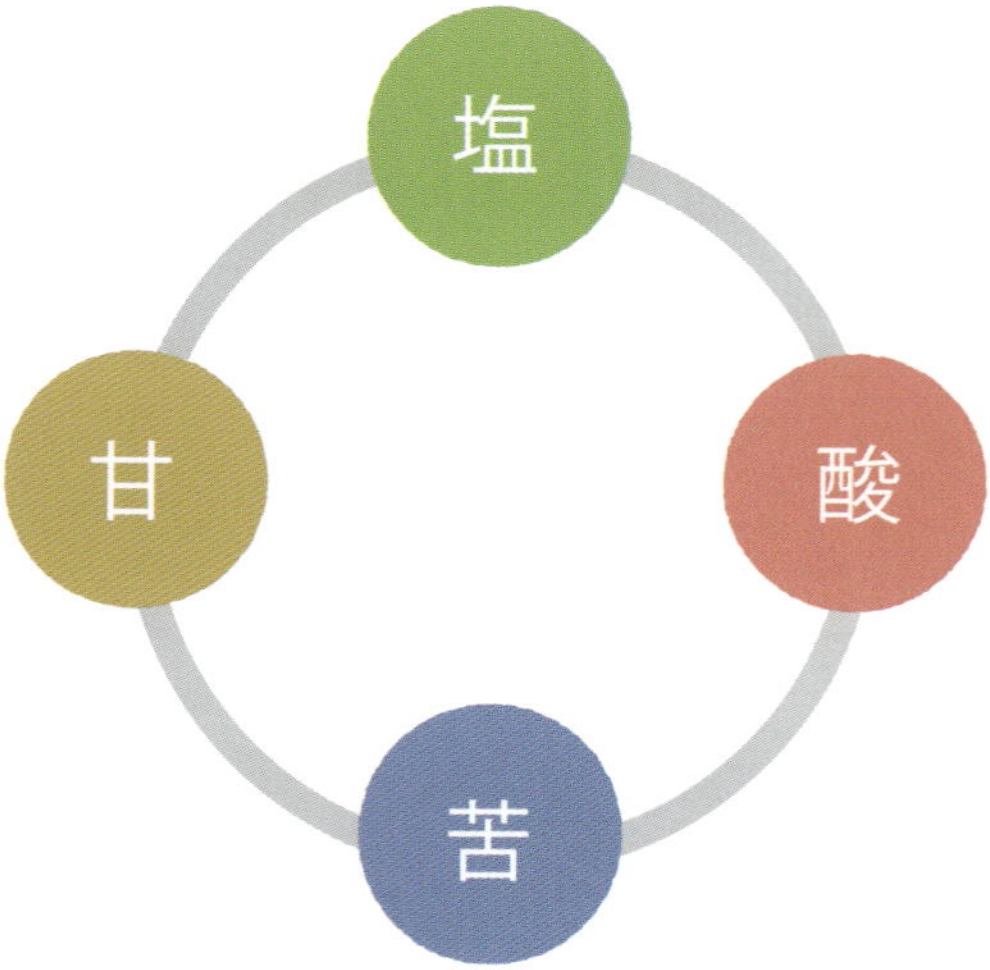

「十六茶」は六臓六腑にしみわたって身体全体のバランスを保つ、漢方の考えに基づいた「6+6+4＝16」の16種類の自然素材をブレンドしました。

6臓 ＋ 6腑

身体の内側のバランス

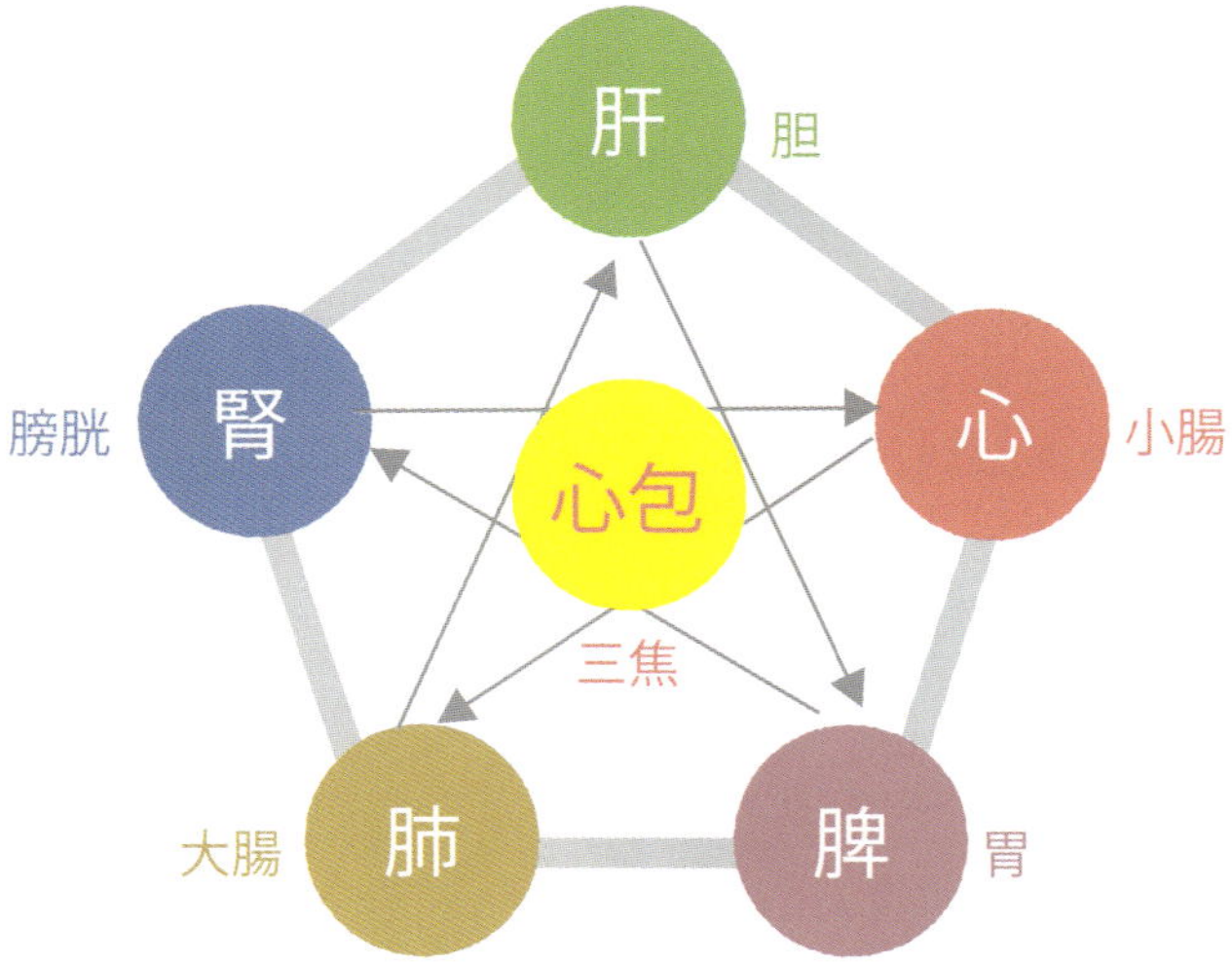

気や血を体内にめぐらせる。また、血の貯蔵庫としての機能もある	肝《かん》	⟷	胆《たん》	胆汁をたくわえ、分泌して消化を助ける
血を全身に送る。また、精神、意識、思考などをつかさどる機能もある	心《しん》	⟷	小腸《しょうちょう》	胃で消化された食べ物や飲み物を栄養分と不要物に分ける
食べ物や飲み物の消化吸収をつかさどり、栄養を体内にめぐらせる	脾《ひ》	⟷	胃《い》	食べ物や飲み物を消化し、小腸に送る
呼吸をして、大気を取り込む。また、身体の表面をつかさどり、外部からの病邪の侵入を防ぐ	肺《はい》	⟷	大腸《だいちょう》	小腸から受け取った不要物から水分を吸収し、残りを便として排泄する
尿をつくり、膀胱へ送る。また、生殖や成長、発育をつかさどる	腎《じん》	⟷	膀胱《ぼうこう》	余分な水分を尿としてためて、排泄する
心臓を包み、免疫力をつかさどる	心包《しんぽう》	⟷	三焦《さんしょう》	消化や水分代謝をつかさどる

CLOSE UP!! CHANSON COSMETICS

part.1

「十六茶」を生み出したシャンソン化粧品は、1946年に創立した老舗化粧品メーカーです。自社で企画、研究開発、製造を一貫して行い、全国のシャンソンエステティックサロンにて、丁寧なカウンセリングとスキンケアアドバイスのもと化粧品や健康食品を販売しています。

研　究

製　造

「安全性」「安定性」「独創性」の3つをポリシーとして掲げ、クオリティーにこだわった製品開発を行っています。

エステティック

効果の高い化粧品を使いながら、ハンド中心のエステで癒しのひとときを提供します。

スキンケアアドバイスとともに、「十六茶」のサービスも。

第3章

「十六茶」の素材紹介

16種類の自然素材を厳選している「十六茶」。
そのベストバランスはまさに秀逸。
16素材を単に混ぜ合わせているのではなく、
それぞれが作用し合い、美容と健康に良いお茶へ。
この素材に秘められた謎をひもときます。

身体に良くて香ばしい「十六茶」の主役

HATOMUGI

ハトムギ

【イネ科／ジュズダマ属】

「十六茶」に含まれる16種類の自然素材のなかでも代表的な存在です。日本人の嗜好に合った香ばしい風味を持つというだけでなく、古くから身体に良い素材として愛用されています。中国では「楊貴妃が愛用していた」という記録が残っており、その美肌効果から化粧品にとってもおなじみの成分です。もちろん、シャンソンの化粧品にも使用されています。

楕円形の褐色の実を、殻ごと焙煎して「十六茶」に使用。香ばしく、飲み飽きない味が特長です。

16素材 まめ 知識 『ハトムギ粥』

土鍋にハトムギの実100gと水700〜800mlを入れ、弱火であくをとり除きながら2〜3時間炊きます。梅干しを添えるとより美味しくいただけます。ハトムギは肌をきれいにすると言われているので、お粥ならダイエットとあわせて一石二鳥です。

〈配合商品〉 十六茶 ／ SO-D 十六茶 ／ ダイエットブレンド十六茶

みんなに愛される「味のまとめ役」

大麦

OOMUGI

【イネ科／オオムギ属】

大麦は、夏の風物詩である麦茶として愛飲されています。麦茶の歴史は煎茶より古く、平安時代には貴族たちの高級な飲み物だったそうです。庶民に広がったのは江戸時代。「麦湯」としてお店で売り出されるようになり、多くの人々に親しまれる飲み物となりました。

もみ殻のついた大麦を、麦粒の芯までじっくり焙煎。そのマイルドな風味が、「十六茶」の味のまとめ役となっています。

16素材 まめ知識　『麦めし』

麦めしは、白米に2〜3割程度の大麦を混ぜて炊きます。大麦は白米の19倍という豊富な食物繊維を含むため、便秘を解消したり、血糖値・コレステロール値の上昇を抑制する効果が期待されます。

〈配合商品〉　十六茶　SO-D 十六茶

日本古来の「完全食品」

玄米

GENMAI

【イネ科/イネ属】

玄米とは、稲の果実である籾《もみ》から籾殻《もみがら》を取り除いた状態のものです。身体に必要な栄養素を多く含む玄米は「完全食品」と呼ばれています。かの源平合戦において、平家が白米を食べて公家のような生活をしていたのに対して、源氏は玄米を主食として身体が丈夫だったため勝利をおさめることができたのだ、という説もあるほどです。

胚芽や米ぬかを精米の過程で残した米。穀類特有のやさしい甘みと香ばしい風味が特長です。

16素材 まめ 知識 『発芽玄米』

玄米を水に浸け、わずかに発芽させたものが発芽玄米です。米の中に眠る酵素が活性化されて栄養価が高まるため、健康米として注目されています。

〈配合商品〉 十六茶 | SO-D十六茶 | ダイエットブレンド十六茶

疲れ目に喝！　「元気印の小粒豆」

ハブ茶

HABUCHA

【マメ科／カワラケツメイ属】

ハブ茶は、マメ科の一年草エビスグサを原料とする健康茶です。長さ15～20cmの豆果ひとつから30粒あまりの小豆大の種子が採れます。漢方では「決明子《けつめいし》」（目を明らかにする、の意）と呼び、疲れ目に効果があると言われています。日本では麦茶のように煎じてハブ茶として飲まれており、昔はヘビ（波布＝ハブ）の毒にも効くと言われていたことが名前の由来です。

エビスグサの種子を焙煎して「十六茶」に使用。香ばしい風味とすっきりした味わいが特長です。

16素材 まめ 知識　『エビスグサ』

エビスグサは、北アメリカ原産で、日本には江戸時代に熱帯アジアから中国南部を経て渡来しました。異国から来たという意味で夷草（エビスグサ）と名づけられたと言われています。10月頃、さやの果実が褐色になったら摘み取り、天日干しにします。

〈配合商品〉　十六茶　SO-D 十六茶　ダイエットブレンド十六茶

肌にも身体にも良い「黒衣の働き者」

黒豆

KUROMAME

【マメ科／ダイズ属】

日本では、お祝いの膳に縁起物として用いられており、おせち料理には欠かせない存在です。女性ホルモンの働きを助けるイソフラボンを含み、美肌効果があると言われている大豆。中でも黒豆は、種皮が黒い大豆の一種で、大豆をしのぐ栄養価があり、抗酸化物質のアントシアニンを豊富に含む健康素材です。

アントシアニンを含む黒紫色の殻ごと焙煎。豆のやさしい甘みが特長です。

16素材 まめ知識 『黒豆の煮物』

おせち料理には欠かせない祝い肴三種のうちの一品。「まめまめしく働ける」という語呂合わせだけでなく、栄養価が高い黒豆を食べて健康に暮らせるようにという願いが込められています。

〈配合商品〉 十六茶 ｜ SO-D 十六茶 ｜ ダイエットブレンド十六茶

身体がよろこぶ「海の恵み」

KONBU

昆布

【コンブ科／コンブ属】

昆布は「よろこぶ」に語が繋がるとして、縁起の良い食べ物とされています。古くから長寿食として親しまれてきた昆布は、ミネラルや食物繊維を豊富に含む健康素材です。また、和食に欠かせないだしの素材であり、その旨み成分は、「十六茶」に深みのある味わいをプラスする役割を担っています。

良質な昆布を細かく裁断して使用。独特の旨みが、「十六茶」に深みのある味わいを与えています。

16素材 まめ 知識　『昆布だし』

昆布と言えば、だしをとるのが一番ポピュラーな活用方法。数時間水に浸けた後、加熱し、沸騰する直前に取り出します。具の香りや味わいを生かすことのできる控えめな香りが特長です。

〈配合商品〉 十六茶

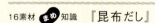

仙薬と呼ばれた「高貴なキノコ」

REISHI

霊芝

【サルノコシカケ科／マンネンタケ属】

霊芝は、和名をマンネンタケといい、光沢のある赤褐色の傘を開いたキノコの一種です。自然界では、梅などの古木10万本に2～3本しか採取できないという希少品種で、めったに人目に触れることがない高級生薬として珍重されています。仙薬や不死草などとも呼ばれ、不老長寿の神薬として用いられていました。現在では人工栽培されるようになりましたが、やはり高級生薬の代表として取り扱われています。

人工栽培が可能になったとはいえ、いまだ高価な素材。

16素材 まめ 知識 『楊貴妃』

世界三大美女として名高い楊貴妃。一説によると、楊貴妃自身の魅力もさることながら、郷里で生産される良質な霊芝も玄宗皇帝の心を捉えて離さない要因のひとつであったとか。霊芝が不老不死の仙薬として珍重されていたことを物語るエピソードです。

〈配合商品〉 十六茶 SO-D十六茶

熊も大満足？「森の栄養補助食品」

KUMAZASA

熊笹

【イネ科／ササ属】

熊笹は、葉の縁が隈取りしたように白くなることから隈笹とも書きますが、冬眠から覚めた熊が好んで食べ、体力の回復をはかるとされていることから熊笹と呼ばれています。四季を通じて常に青々としており、日本の高原地帯で風雪に耐えて繁殖することからも、その生命力の高さがうかがえます。昔から葉を乾燥させたものがお茶として飲まれており、様々な健康効果が期待できます。

「十六茶」には、一年物の青々とした若葉を使用。多少の苦味はありますが、ブレンドすることで美味しく摂取することができます。

16素材 まめ 知識　『ちまき』

餅を抗菌・防腐作用のある熊笹の葉で包み、い草でぐるぐる巻いて蒸したもの。関西では、端午の節句の祝い菓子といえば「柏餅」ではなく「ちまき」のほうが一般的です。

〈配合商品〉 十六茶

風邪にも強い「ビタミンCキング」

KAKI NO HA

柿の葉

【カキノキ科／カキ属】

柿は奈良時代に中国から渡来し、古くは柿の葉、柿渋、ヘタ、花などがそれぞれ民間薬として珍重されました。ですから、「柿の実が赤くなれば医者が青くなる」という言い伝えもあったほどです。柿の葉には殺菌効果があると言われており、昔から保存食に利用され、押し寿司を柿の葉で包んだ「柿の葉寿司」などがあります。

柿の葉を乾燥、焙煎して「十六茶」に使用。さっぱりとした風味で、飲み飽きない味が特長です。

16素材 まめ 知識　『柿の葉寿司』

塩漬けにしたサバを酢飯にのせ、ビタミン豊富で殺菌効果もある柿の葉で包んだ寿司。傷みやすいサバを日持ちさせる、先人の知恵がつまった料理方法です。

〈配合商品〉 十六茶 | SO-D 十六茶

ほんのり甘い「生薬のニューフェイス」

アマチャヅル

AMACHAZURU

【ウリ科／アマチャヅル属】

ツルをのばして繁茂する多年草で、日本のいたるところに生えています。有名になるまでは雑草として見られ、ほとんどかえりみられなかったのですが、1977年に日本生薬学界で発表されたのをきっかけに、脚光を浴びるようになったニューフェイスの健康素材です。アマチャヅルという名のとおり、糖質が多いためほんのりやさしい甘みがあり、子どもでも抵抗無く飲むことができます。

アマチャヅルの葉や茎を乾燥、焙煎して「十六茶」に使用。ほんのりとした甘みが特長です。

16素材 まめ 知識『アマチャヅル茶』

ほのかな甘みがあり飲みやすいため、アマチャヅル単独でも健康茶として親しまれています。高麗人参にも引けを取らないほど、サポニンを豊富に含んでいます。

〈配合商品〉 十六茶 ／ ダイエットブレンド十六茶

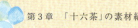

小粒の「抗酸化力チャンピオン」

GOMA

ゴマ

【ゴマ科／ゴマ属】

ゴマはアジア特有の食材だと思われがちですが、そのルーツは200万年前のアフリカのサバンナ地帯にあります。古代エジプトを経て、ヨーロッパ、アジアに伝わり、世界中で広く愛用されています。ゴマに含まれるセサミンという成分は、高い抗酸化力を持ち、肝臓の働きを助けると言われています。その他にもビタミンEや不飽和脂肪酸、カルシウム、食物繊維などを豊富に含んでいます。

ゴマを焙煎することによって、豊かで香ばしい風味が生まれます。「十六茶」の味に広がりを与えている素材です。

16素材 まめ 知識 『ゴマ油』

ゴマリグナンの抗酸化作用によって、他の食用油よりも酸化しにくく日持ちするという特長があります。また、主成分は身体に良いと言われるリノール酸。その優れた性質から、食用油の王様と称されています。

〈配合商品〉 十六茶 ｜ SO-D 十六茶 ｜ ダイエットブレンド十六茶

静岡県が誇る「日本の味」

RYOKUCHA

緑　茶

【ツバキ科／ツバキ属】

日本人に最もなじみ深い飲み物と言えば、やはり緑茶です。ほっとなごむ香りと、すっきりとした苦味は、どんな食事ともよく合います。そのため、「十六茶」の味を引き締め、すっきりとした喉越しを実現する役目を担っています。また、シャンソン化粧品本社のある静岡県は、日本一の茶葉生産地。「十六茶」が美味しいのは、こんなところにも理由があるのですね。

厳選された良質な茶葉を使用。緑茶の風味が、「十六茶」の味をすっきりと引き締めています。

16素材 まめ 知識　『八十八夜』

童謡「茶摘み」にも歌われている八十八夜とは、立春から88日目、ちょうどお茶の新芽を摘む時期のことを言います。ひと冬越えて芽吹く新芽は、旨み成分のテアニンをはじめ、栄養成分を豊富に蓄えています。

〈配合商品〉　十六茶　ダイエットブレンド十六茶

すっきりさっぱり「元祖ダイエット茶」

ウーロン茶

OOLONGCHA

【ツバキ科/ツバキ属】

中国福建省の特産品として有名なお茶です。原料の茶葉は、緑茶や紅茶と同じものですが、緑茶と紅茶の中間程度に発酵させた半発酵茶です。発酵によって色が烏《からす》のように黒くなり、形が龍のように曲がりくねっていることから烏龍《ウーロン》茶と呼ばれるようになりました。

丁寧に発酵させた、良質な茶葉を使用。すっきりとした苦味が、「十六茶」の味にアクセントを加えています。

16素材 まめ 知識　『聞《もん》香《こう》杯《はい》』

聞香杯とは、香りを楽しむための長細い杯のこと。お茶を入れ、香りを付けてから別の杯に移し、その残り香を楽しみます。香りが重視されるウーロン茶にぴったりの飲み方です。

〈配合商品〉　十六茶　SO-D 十六茶　ダイエットブレンド十六茶

メーク品？ 漢方？「一人二役の優れ者」

BENIBANA

紅 花

【キク科／ベニバナ属】

キク科の一年草で、英名ではサフラワーとも呼ばれています。他の素材と異なるのは、食用だけでなく天然の染料としても古くから利用されてきたということ。布や紙を紅花で染めたものは、その防虫効果から大変長持ちするそうです。また、唇へ塗り重ねると、光を受けて玉虫色や黄金色にも輝き、女性の唇を美しく彩ることから、口紅としても珍重されました。

紅花の花弁を乾燥して使用。独特の香りがあり、「十六茶」の味に複雑さをプラスしています。

16素材 まめ 知識 『口紅』

古くは、白磁の皿やハマグリの殻に紅花の色素を塗り重ね、口紅として使用していました。光を受けると玉虫色に輝く紅を、水を含ませた筆で少しずつ溶いて使用します。

〈配合商品〉 十六茶 ／ ダイエットブレンド十六茶

皇帝ネロも愛用した「医者いらず」

キダチアロエ

KIDACHIAROE

【ユリ科／アロエ属】

アロエは有史以前から薬草として利用され、古代エジプトのミイラとともに埋葬されていたパピルスには、アロエが薬として利用されていた記録が発見されています。また、ローマ皇帝ネロの侍医が、その著書にアロエの効用を記しており、ヨーロッパ全土で愛用されていたことがうかがえます。日本では江戸時代以降に広く用いられはじめ、胃腸にも外傷にも効くことから「医者いらず」と呼ばれてきました。

アロエの葉を乾燥して使用。多少苦味がありますが、ブレンドすることによって美味しく摂取することができます。

16素材まめ知識 『アロエの刺身』

アロエの葉は、苦味のある緑色の外皮と、無味無臭で半透明の葉肉とに分けられます。半透明の葉肉部分は、わさび醤油につけて食べるのがおすすめ。ぷるぷるの葉肉をヨーグルトと和えたり、シロップに漬け込んでデザートとしていただくのも人気です。

〈配合商品〉 十六茶

すくすく育つ「生命力のシンボル」

アシタバ

ASHITABA

【セリ科／シシウド属】

アシタバは「明日葉」と書き、「葉を摘んでも明日にはまた葉が生えてくる」と言われるほど生命力が強い植物です。そのため、江戸時代の「大和本草」という書物には、「不老長寿の植物」として紹介されています。伊豆七島、小笠原諸島などの暖かい地域で自生しており、この地方では味噌汁や和え物、天ぷらなどにして食べられているそうです。

生葉はセリの強い香りがしますが、乾燥、焙煎することで飲みやすいまろやかな味になっています。

16素材 まめ 知識 『天ぷら・おひたし』

最近では、スーパーの店頭でもアシタバが販売されるようになりました。味に独特のクセがあるため、天ぷらやおひたしなどにしてクセを抑えると美味しくいただくことができます。

〈配合商品〉 十六茶

冬の美味しい美容液

MIKAN NO KAWA

ミカンの皮

【ミカン科／ミカン属】

ミカンは果実だけでなく、皮や白い筋など全ての部位に薬効があります。「十六茶」に使用されているのは、ミカンの皮を干した「陳皮《ちんぴ》」と呼ばれる生薬で、漢方薬や香辛料として使用されています。

「SO-D 十六茶」には青ミカンの皮を使用。爽やかなアロマとほのかな苦味が特長です。

〈配合商品〉

SO-D 十六茶

楊貴妃も愛した美の果実

KUKO NO HA

クコの葉

【ナス科／クコ属】

薬膳料理や杏仁豆腐に入っている赤い実でおなじみのクコ。果実の部分が有名ですが、葉にも豊富な成分が含まれており、クコの葉茶は、別名「延命茶」とも呼ばれ、古くから民間薬として使われてきました。

成長盛んなクコの青葉を乾燥させて焙煎し、細かく刻んだものを使用。独特の味と香りが、ブレンドされることで飲みやすく深い味わいを出します。

〈配合商品〉

SO-D 十六茶

万病に効く東洋の秘薬

紅茶

KOUCHA

【ツバキ科／ツバキ属】

紅茶は、緑茶と同じ茶葉を完全発酵させて作ったお茶です。イギリスで最初にお茶が売られた17世紀、「万病に効く東洋の秘薬」として珍重されていました。紅茶に含まれる紅茶フラボノイドやテアフラビンには抗酸化作用があるため、シミやたるみなどの老化防止が期待できます。

〈配合商品〉

SO-D 十六茶

紅茶の濃厚なコクと味わい、芳醇な香りは、「SO-D 十六茶」の味のまとめ役になっています。

2千年以上珍重されてきた、和漢の王様

高麗人参

KOURAININJIN

【ウコギ科／オタネニンジン属】

古くは2千年前の中国の文献にも有用性が記されるほど、長い歴史を持つ高麗人参。高麗人参は、中国北東部から朝鮮半島を原産地とする多年草の根を乾燥させたものです。日本に入ってきたのは奈良時代と言われ、長寿で知られる徳川家康が愛用したという話もあります。

〈配合商品〉

SO-D 十六茶

皮をむいて乾燥させたものを「白参（はくじん）」、皮をむかずに湯通しまたは蒸して乾燥させたものを「紅参（こうじん）」と呼び、「SO-D 十六茶」には品質的に優れているとされる「紅参」を使用。

青紫色の花なのに、名前はコガネバナ

KOGANEBANA

コガネバナ

【シソ科／タツナミソウ属】

コガネバナは「黄金花」と書きますが、花の色は青紫色をしています。これは、コガネバナの根が黄金色をしているためで、乾燥したものを「黄岑《おうごん》」とよび、生薬として多くの漢方薬に用いられています。

〈配合商品〉

SO-D
十六茶

楕円形で先のとがっている葉と茎を乾燥させ、ブレンドしています。

イネの成長に必要な栄養が濃縮！

KOMEHAIGA

米胚芽

【イネ科／イネ属】

胚芽は、稲の芽となって成長する部分で栄養成分が濃縮されており、ビタミンB群とビタミンEが豊富に含まれています。玄米から表皮のぬか層を取り、胚芽と胚乳を残したものが胚芽米、玄米からぬか層と胚芽を取り除いたものが白米となります。

〈配合商品〉

SO-D
十六茶

胚芽の大きさは、約1mm程度。小さくても栄養満点です。

南アフリカに伝わる奇跡のハーブ

ROOIBOS

ルイボス

【マメ科／アスパラトゥス属】

ルイボスは、アフリカ南部を原産地とするマメ科の植物です。古くから先住民の間では、「不老長寿のお茶」と呼ばれていました。「ルイボス」とは、南アフリカの言葉で「赤い茂み＝Red Bush」を意味し、落葉時に葉が赤褐色になることからその名が付けられたと言われています。

〈配合商品〉 SO-D十六茶

紅茶に似た鮮やかな赤色のお茶で、ほんのりとした甘味とさわやかな後味が特長です。

古代から伝わる日本のハーブ

SHISO NO HA

シソの葉

【シソ科／シソ属】

縄文時代の遺跡からシソの種子が発見されており、日本では最も古い野菜のひとつです。シソは食あたり予防の刺身のツマや、豆腐や素麺の薬味、香味野菜などでお馴染みの食品です。

〈配合商品〉 ダイエットブレンド十六茶

シソには青ジソと赤ジソの2種類ありますが、「ダイエットブレンド十六茶」には、抗酸化作用のあるアントシアニン系の色素を含む赤ジソを使用しています。

美貌と癒しの強い味方

JASMINE

ジャスミン

【モクセイ科／ソケイ属】

ジャスミンは、ペルシャ語の「ヤースミーン（神からの贈り物）」に由来すると言われます。魅惑的な甘い香りがするので『香りの王』と呼ばれ、香水やジャスミン茶の原料にも使用されています。

〈配合商品〉

ダイエット
ブレンド
十六茶

緑茶にジャスミンの花の香りを加えて作るジャスミン茶は、さわやかな香りとすっきりした味わいです。

さわやかな風味と辛味「台所の神の申し子」

SYOUGA

ショウガ

【ショウガ科／ショウガ属】

薬味に、臭み消しに、香りづけに、と昔から家庭の常備薬として多彩な料理に用いられ、その万能ぶりから「台所の神の申し子」とも呼ばれています。

〈配合商品〉

ダイエット
ブレンド
十六茶

ショウガの根を蒸してから乾燥した物を使用。刺激的な香りとピリッとした辛味があります。

「生きた化石」と呼ばれる植物

TOCHUUHA

杜仲葉

【トチュウ科／トチュウ属】

杜仲は、トチュウ科トチュウ属トチュウという「一科一属一種」の、恐竜時代末期に繁栄した植物で、世界でも例を見ない大変珍しい樹木です。杜仲の葉はお茶として利用されており、葉をちぎるとグッタペルカという白い繊維が見られるのが特長です。

〈配合商品〉 ダイエットブレンド十六茶

葉を煎じて煮出した杜仲茶は、黒色でまろやかな甘味・香ばしい美味しさが特長です。

時間が経つほど芳醇になる「東洋のワイン」

PU-ERHCHA

プーアル茶

【ツバキ科／ツバキ属】

プーアル茶は緑茶を麹菌で熟成発酵させた後発酵茶で、黒茶の一種です。熟成された特有の香りが特長で、年数を重ねるごとにカドが取れて、まるみのある味わいになります。

〈配合商品〉 ダイエットブレンド十六茶

カビ臭く、飲みづらいとも言われるプーアル茶。焙煎することで飲みやすくしています。

さわやかな香りですっきり&リラックス

ゆずの皮

YUZU NO KAWA

【ミカン科/ミカン属】

ゆずには、血行を促進して冷え性をやわらげ、体を温めて風邪を予防する働きがあります。日本では古くから毎年12月の冬至の日に、ゆず湯に入ると、その冬の間、風邪を引かずに過ごせると言われています。

〈配合商品〉

ダイエットブレンド十六茶

「ダイエットブレンド 十六茶」に柑橘系のさわやかな香りをプラス!

ビタミン豊富な熱帯のリンゴ

グァバ葉

GUAVAHA

【フトモモ科/バンジロウ属】

ジューシーなトロピカルフルーツとして有名なグァバは、美肌効果のある各種ビタミンが豊富な果実です。葉には、グァバ葉特有のポリフェノールが含まれ、血糖値の上昇を抑える働きがあり、ダイエットや糖尿病の予防に効果があるとされています。

〈配合商品〉

ダイエットブレンド十六茶

一年中生い茂るグァバの葉は、長さ15cm前後でやや厚みがあります。

CLOSE UP!! CHANSON COSMETICS part.2

シャンソン化粧品は、美しい素肌のためにクオリティーにこだわった製品開発を行っています。創立以来、妥協を許さない品質へのこだわりが、十六茶を生み出した土台にもなっていたのです。

こだわりその1　石油系乳化剤無添加

シャンソンの化粧品は、全製品から石油系乳化剤※を排除し、天然乳化剤のみによる乳化法を導入しています。

※石油を原料とする乳化剤。安価なため、一般的に使用されている。

こだわりその2　厳選された天然成分

世界各地で採取される、数百種類の天然成分から、安全性と効果に優れたものを厳選して使用しています。

こだわりその3　基礎化粧品の8割以上が医薬部外品

医薬部外品とは、厚生労働省に認可された薬用化粧品のこと。シャンソンの化粧品は、基礎化粧品の8割以上が医薬部外品に認可されています。

十六茶劇場
ハトムギくんの冒険《ぼうけん》
ぼくの夢は、おいしい健康茶《けんこうちゃ》になることだよ！
緑茶まろ
玄米マン
霊芝仙人
黒豆太郎
大麦どん
Mr.アシタバ
紅花おとめ
ウーロン茶ン
昆布ひめ
柿の葉次郎
アロエちゃん
熊笹の助
ハトムギくん
ハブ茶Kid
ゴマ坊や
アマチャヅルたん
ある日・・・ハトムギくんは、夢をかなえるために冒険の旅へと出発しました！
オ！
仲間《なかま》を集めておいしい健康茶になるぞ!!
たのしみ～っ

東《ひがし》の国《くに》で
ビタミンいっぱいの君にぜひ仲間《なかま》になってほしいんだ!
ついに見つけた!
柿の葉次郎くん
ぼくがビタミンCいっぱいってよくわかったね!
西《にし》の国《くに》で・・
長生きのひけつは血《ち》のめぐりを良くすることじゃよ
ふぉふぉふぉ
勉強になります〜
霊芝《れいし》仙人《せんにん》さま〜
いろんな国のいろんなところで・・
わたしミネラルたっぷりよ
昆布ひめ
SOD ビタミンEならおまかせでちゅ
ゴマ坊や
ぼくは完全食品といわれてるんだよ!
玄米マン

女性の美しさを保《たも》つために君たちにも協力してほしいんだ！ぜひ
つっ
便秘《べんぴ》は女性の大敵よ！
冷《ひ》えもね
キャッ
紅花おとめ
アロエちゃん
黒豆太郎
イソフラボーン
生活習慣病《せいかつしゅうかんびょう》と戦《たたか》うなら、もちろんぼくもがんばるぞ！
ぼくらも仲間になるよ〜
脂肪《しぼう》といえばわたしかも・・
ウーロン茶ン
カテキンのちから
お忘れなく・・
ハブ茶Kid
ダッシュ
目《め》の調子・・協力できそう・・
熊笹の助
アシタバどのわれらも参戦つかまつろうぞ!!
緑茶まろ
そしてついに十六人の仲間が集結!!
Mr.アシタバ
はいはい・・
甘いわたしも忘れちゃだめよ〜
味のまとめ役はぼくにまかせてよね〜
苦労したよ〜
ふ〜っ
大麦どん
アマチャヅルたん

焙煎《ばいせん》され・・
Mr.アシタバ 焙煎《ばいせん》で ますます いい男に なったわね!
ひとりひとり ていねいに 焙煎《ばいせん》して いただけるのね
まーっ
うれしー茶ン
うふん
きみこそ すてきさ!
昆布《こんぶ》ひめ!
焙煎で 甘さや こうばしさが ぐっとアップ するのだ!
キリッ
皮《かわ》も 殻《から》も そのままに・・・
素材《そざい》の 栄養素《えいようそ》も 丸ごと・・
十六人の パワーが
つ、ついに・・
ボッボッ
ひとつに なる〜〜 ブレンド だあ〜〜!!
ふぉ ふぉ ふぉ
ヒャッホ〜

風《ふう》味《み》豊《ゆた》かな味わいは多くの人々を魅了《みりょう》!!
仲間たちは四つの味覚《みかく》に働きかけ‥
すっぱい
しょっぱい
苦《にが》い
甘《あま》い
16
16
16
16
バランスが大事だね!
そして、六臓《ろくぞう》六腑《ろっぷ》に働《はたら》きかけて‥
ぼくは大腸に行くねーっ
かんぞうはどこかしら??
小腸は私のステージですわ!
わしは、心臓かの〜
肝
胆
腎
膀胱
心
小腸
心包
三焦
肺
大腸
脾
胃
飲んだ人々を次々に元気づけたのです。
めでたし めでたし
16
ぼくの夢はこうしてかないました!
これからも十六人の仲間といっしょに、
美と健康を守りつづけるぞ!

第4章

「十六茶」ができるまで

多くの人に愛される健康茶として、
おいしさはもちろん、安全性が高く安定した
品質であることが大切です。
16種類の素材を、ひとつずつ丁寧に焙煎。
そして、均一にブレンドする工程と
厳しい検査を経て「十六茶」はつくられます。

徹底解明！「十六茶」ができるまで

静岡県静岡市のシャンソン化粧品敷地内にある「十六茶」の製造工場。緑と季節の花々に囲まれた環境の中、開発研究から製造まで、一貫して行われています。おいしい「十六茶」がどのように作られるのか、ハトムギ君と工場長がご案内します。

「十六茶」を製造するシャンソンティーワールド

十六茶工場へ
ようこそ！

シャンソンティーワールド工場長

「十六茶」はこのような工程で作られます。

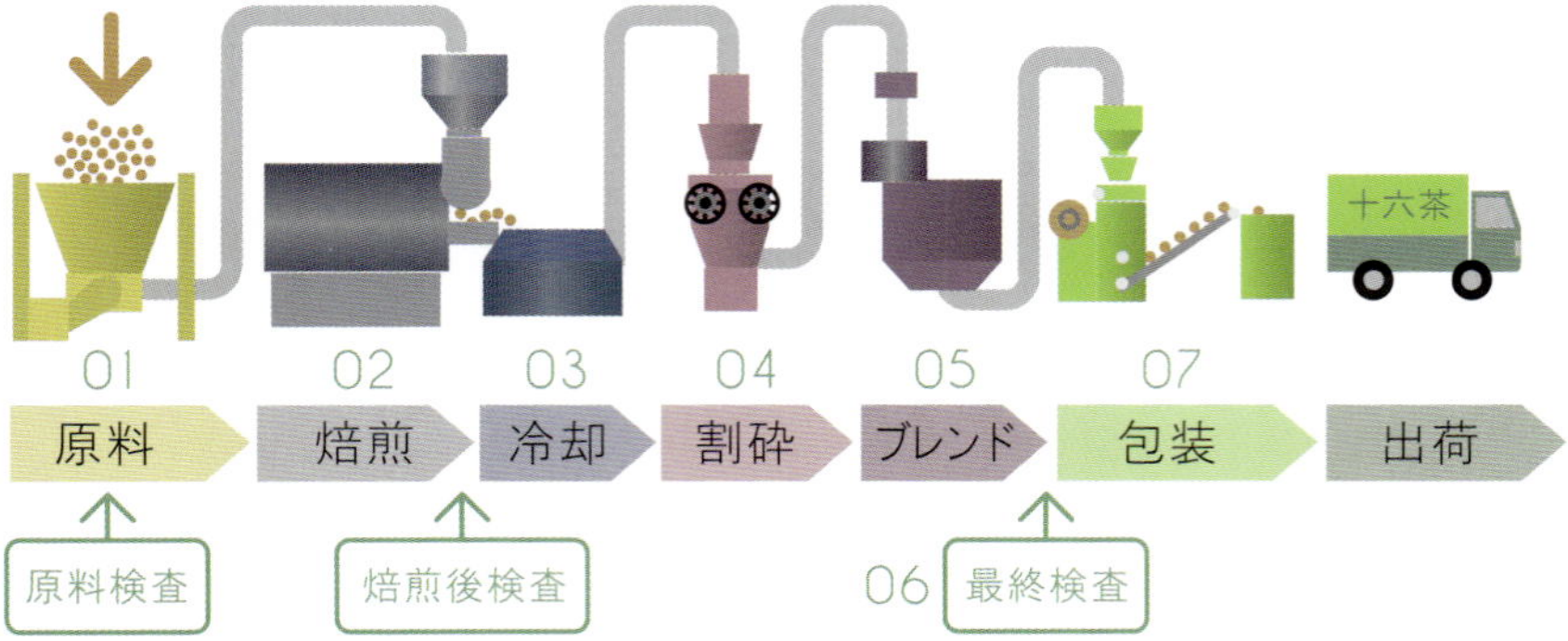

十六茶
01
原料
02
焙煎
03
冷却
04
割砕
05
ブレンド
07
包装
出荷
原料検査
焙煎後検査
06
最終検査

01

原料受け入れ

数々の検査をクリアした安心安全な素材

ハトムギ、玄米、黒豆など、16種類の素材をそれぞれの産地から仕入れます。素材には、非常に厳しい検査項目が課せられており、農薬の検査だけでも数百項目にのぼります。

全て天然の素材ですから、いかにコンスタントに良質な状態のものを仕入れるかが大きなポイント。毎年、各素材の栽培状況や環境を確認するために、現地へ足を運んで調査を行っています。

おいしさの秘密！その1

原料検査

農薬検査、遺伝子組み換え無しの証明など、厳しいチェックを通過した素材だけが「十六茶」の原料になります。

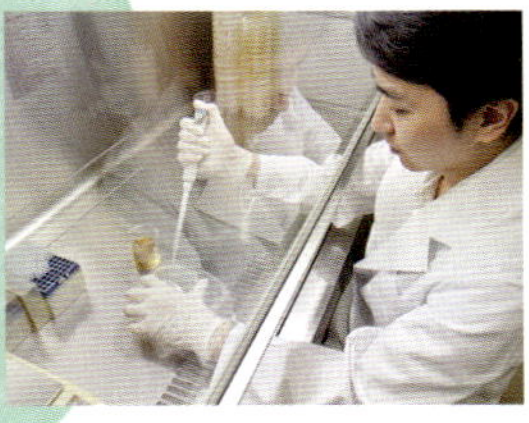

素材から厳しくチェック!

へぇ〜
16
ハトムギ君

わーっ すごーい!!
この中に入っているんだ!!
16

厳選された約30tの素材がここで待機している

02

焙煎

機械だけに頼らない職人技術がフル稼働

それぞれの素材ごとに、その特長を最大限に引き出す条件のもと焙煎を行います。

焙煎工程はコンピューターで管理されていますが、最終的には焙煎を行うスタッフの職人的な判断が決め手となります。というのも、四季のある日本では年間の気温・湿度変化が激しく、同じ素材であっても水分量が変動するからです。機械には分からない素材の微妙な色みの変化。それを見分けるスタッフの焙煎機操作技術は、まさに熟練の技なのです。

焙煎の煙は、
2度焼きして無煙化
しているよ。
エコロジーでしょ？

焙煎機

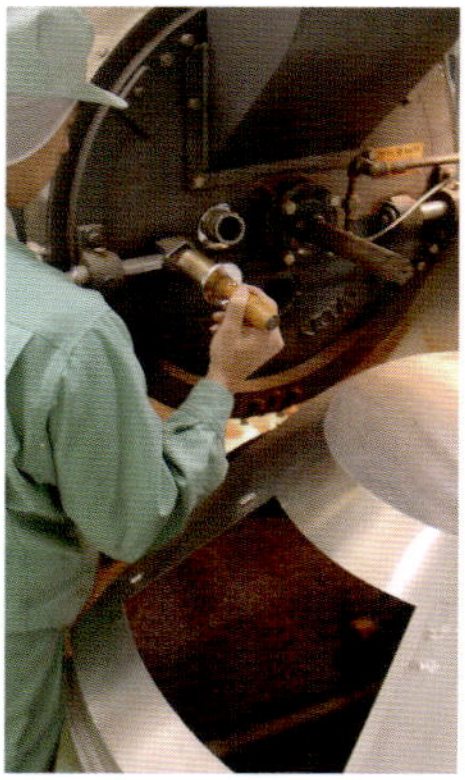

焙煎中の色を確認

機械では、微妙な色みを見分けられないんだよ。それを見極める人の目は、まさに熟練の技！
十六

おいしさの秘密！その2

焙煎後検査

焙煎の状態が味の決め手になるため、焙煎後に素材の色を分析器にかけて検査し、厳しくチェックを行います。また、微生物の検査も行い、品質を厳しく管理しています。

ハトムギ焙煎前

焙煎後

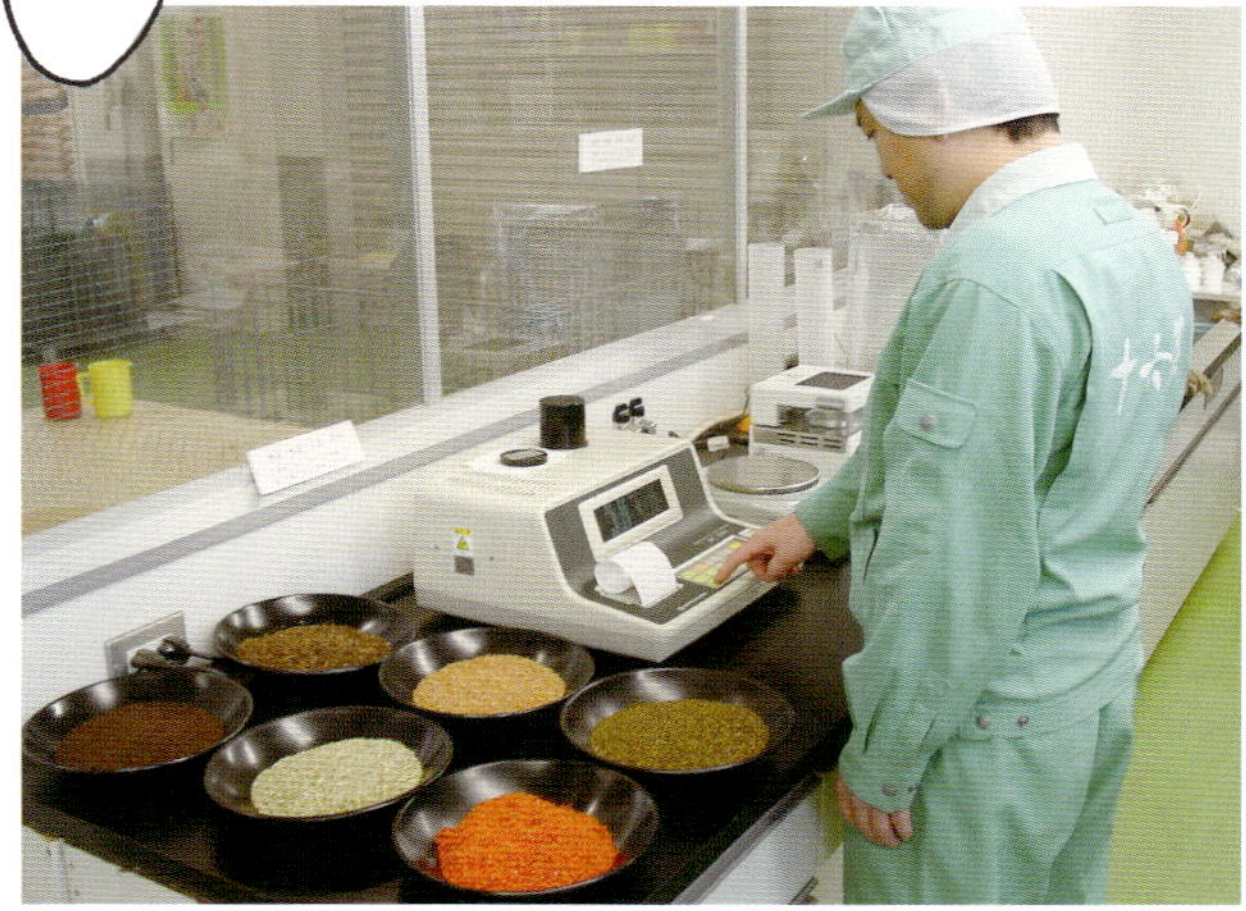

焙煎後検査

03

冷却

急速冷却で、「十六茶」の香りをキープ！

焙煎機から出てきたばかりの原料は、なんと２００度以上。余熱で焙煎されすぎないように、下から大きなファンで一気に熱を奪います。焼きムラができないように、攪拌しながらすばやく均一に冷却することが重要です。

焙煎したハトムギを冷却しているよ。

う〜ん
香ばしい
いいかおり〜♪

04

割《かつ》砕《さい》

割り方、砕き方が味のよしあしを左右する

冷却されたそれぞれの素材は、自動的に割砕機に送られます。

割砕具合によって、煮出したときの色や抽出成分が変化するので、粒度を一定に保つことが求められます。穀類だけでも3種類の割砕機を使い分けているほど、とても重要な工程なのです。

また、原料の中には硬い殻を持つものが多いため、割砕機のメンテナンスも頻繁に行わなければなりません。

ハトムギ割砕前

割砕後

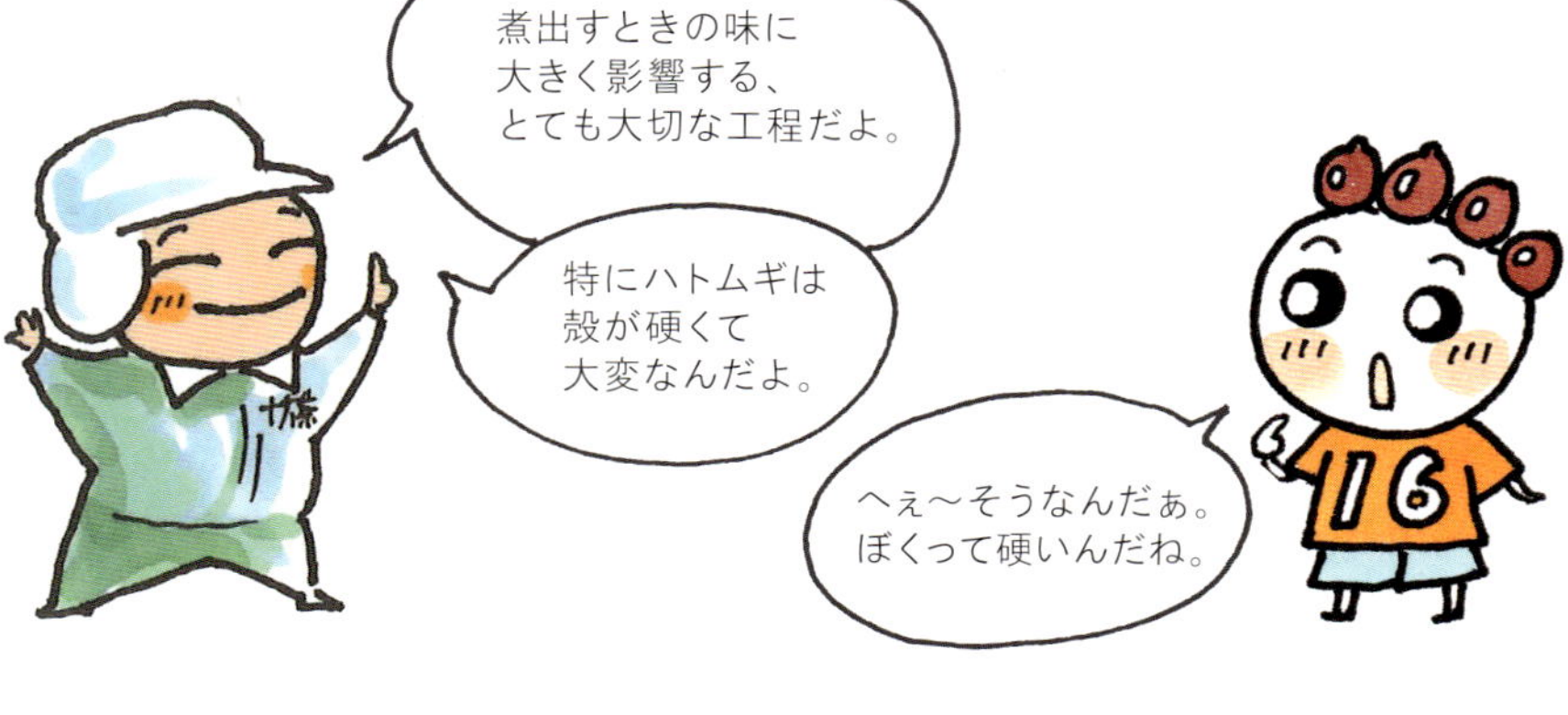
煮出すときの味に大きく影響する、とても大切な工程だよ。
特にハトムギは殻が硬くて大変なんだよ。
へぇ～そうなんだぁ。ぼくって硬いんだね。
16

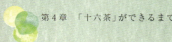

05

ブレンド

「十六茶」らしさを引き出すブレンド技術は企業秘密

ようやく、16種類の素材が初めて集合するブレンド工程ですが、実はこれが一番難しい作業です。というのも、素材によっては比重が数倍も違うものがあり、ハブ茶のように形が豆状で重さのある素材と、軽い葉物の素材とでは、混ざり方が大きく異なるのです。そのため、ブレンドを行うのは企業秘密の特別な機械。縦回転と横回転を複雑に組み合わせた、攪拌《かくはん》力の高い仕組みになっています。

これが特許のブレンド機！
企業秘密なので
ここだけは見学できません…。
実はこの工程、
ファンデーションを作る工程に
そっくりなんだ。
あれもブレンド製法だからね。
さすが、
化粧品メーカー
ならではの
技術だね。
16

06

最終検査

最後は人間の五感で

「十六茶」の命は、味と香りです。そのため、でき上がった製品の最終検査では、機械によるpHや成分分析のほかに、人の目・鼻・舌を使った「官能検査」を行います。16もの素材が絡み合う、複雑な味や香りを総合的に判断するのは、やはり人間です。選ばれた検査員の五感、つまり官能が頼りになるわけです。

おいしさの秘密！その3

官能検査

官能検査にたずさわるスタッフは、飲料メーカーが指定する試験に合格したシャンソン化粧品の社員で、現在14名います。資格試験は毎年更新します。ちなみに、こうした官能試験では20代の若い女性が最も敏感に香りを判別するそうです。女性は酒やタバコによる感覚の麻痺が少なく、また本能的にも香りの微妙な差を感じ取ることができるようです。

感覚の鋭い女性スタッフが大活躍！

07

包装・出荷

品質を保持する個別包装

均一にブレンドされた原料を、煮出し用のティーパックに個包装します。さらに、窒素を詰めたアルミ袋に密閉し、最大限に鮮度を保ちます。

こうして、ようやくお客様のもとへお届けできる商品に仕上がるのです。

第5章

「十六茶」クッキング

素材のおいしさをさらに引き立てる
「十六茶」の香り高い味わい。
和食、洋食、イタリアン、中華からスイーツまで
アレンジ次第で新しいおいしさが広がります。
大切な毎日の食事に「十六茶」レシピを
ぜひお試しください。

「十六茶」の美味しい入れ方

じっくり深い味わい「十六茶」

16種類の素材から
健康に良い成分をしっかり煮出す
基本の入れ方です。

作り方

① 約1ℓの沸騰したお湯にティーパック1袋を入れ、3～4分煮出します。

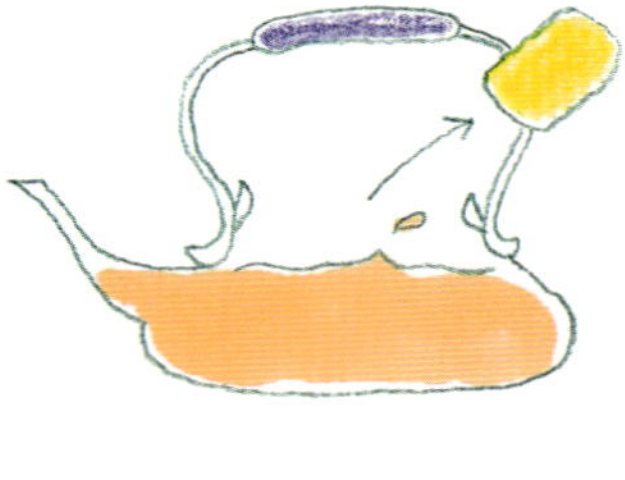

② 火を止めてティーパックを取り出します。お好みにより、さらに長時間煮出すとより香ばしく深い味わいに。

③ 冬はホットで、夏は冷蔵庫で冷やしてお召し上がり下さい。

手軽にほっと「十六茶」

ちょっとしたティータイムに
気軽に楽しむ時の
入れ方です。

作り方

① 急須にティーパックを1袋入れ、熱湯を注ぎます。香ばしい香りを出すために、熱湯を一気に入れるのがポイント。

② 色が出るまでしばらく置きます。

③ 味や濃さが均一になるように、カップに少しずつ均等に注ぎ分けます。2煎目以降は、色味が出る間、数回お飲みいただけます。

飲むだけじゃない。
食べても美味しい「十六茶」

ティーパックをポンといれるだけ!

十六茶の香ばしさとコクのある味わいは、おだしとして使ってもGood。

栄養満点! 十六茶を丸ごと食べる!!

十六茶の素材を細かくすり潰して作った「十六茶ふりかけ」を使用。

濃く煮出した十六茶で!

濃厚で香り高い「十六茶黒蜜」で健康的なデザートに!

今回ご紹介するレシピで使うベース素材

十六茶ふりかけ

材料

十六茶ティーパック（煮出し用）…1袋
桜えび（乾燥）…5g
白ごま…大さじ1
昆布茶…大さじ1
かつおぶし…5g

作り方

①十六茶のティーパックを電動ミルにあけ、細かくパウダー状にする。
②①に残りの材料を加え、さらにパウダー状になるまで混ぜる。
＊冷蔵庫に保管し、早目に使い切りましょう。電動ミルがない場合は、すり鉢などをご使用ください。硬い素材もあるため粉砕が粗いと歯に詰まる恐れがあります。必ず細かくパウダー状に粉砕してください。

十六茶黒蜜

材料

十六茶（濃く煮出したもの）…500ml
水あめ…100g
ザラメ…200g

作り方

①500mlの水に十六茶のティーパックを2袋入れて火にかけ、煮立ったら火を止め約5分置き、ティーパックを取り出す。
②鍋に材料をすべて入れ、火にかける。
③ザラメが溶け煮立ったら弱火で約8分、とろみが出るまで煮つめて出来上がり。

十六茶おにぎり

覚えておくと便利な十六茶ごはんで

十六茶おにぎり

材料（2〜4人分）

十六茶ティーパック…1袋
米…2合
醤油…大さじ1と1/2 ┐
酒…大さじ1と1/2 │A
みりん…小さじ2 ┘
水…2合分
釜揚げしらす…適量
明太子…適量
かつおぶし（醤油をまぶす）…適量

作り方

①米を研ぎ、よく水を切る。
②炊飯器に①とAを入れ、2合の目盛りまで水を注ぎ、十六茶ティーパックを袋のまま入れる。
10分置き、軽く混ぜてから炊く。
③具を入れておにぎりにし、お好みで具を添えて出来上がり。

冷凍保存すると便利！

受験生の夜食やお酒のシメ、食欲のない時に

十六茶おにぎりのだしがけ

材料（1膳分）

だし汁…1カップ
醤油…適量
塩…適量
大葉（細切り）…適量
白ごま…適量
わさび…適量

作り方

①鍋でだし汁を煮立て、醤油、塩で味を調整する。
②十六茶おにぎり（冷凍したものは予め解凍する）を器に置き、①を注いで大葉、白ごま、わさびを添えて出来上がり。

十六茶がほのかに香る
ほっとするおいしさ

十六茶美人鍋

野菜の旨みを引き立てる優しいだし風味

十六茶美人鍋

材料（2人分）

【美人鍋の具】
白菜…4枚
春菊…1/2束
えのき茸…1パック
絹豆腐…1/2丁
長ねぎ…1本
人参（千切り）…1/3本
椎茸…2個
肉（牛肉、豚肉など）…適量
【スープ】※鍋の大きさにより量は調整
水…2と1/2カップ
めんつゆ（3倍濃縮）…大さじ2
十六茶ふりかけ…大さじ1
まぐろコラーゲン…1包
【薬味】
万能ねぎ…適量
紅葉おろし…適量
十六茶ふりかけ…適量

作り方

①野菜は食べやすい大きさにカットし、皿に盛る。
②鍋にスープの材料を入れ火にかける。湯気が立ち、温まったら鍋の具材を入れる。具材に火が通ったら、お好みで薬味を添えて出来上がり。

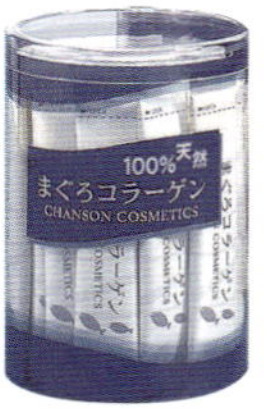

天然まぐろを原料とした、添加物・香料・保存料無添加のコラーゲン。特有の味やにおいを取り除き、飲み物や料理に混ぜて手軽に摂取できます。
「まぐろコラーゲン」
2g×30包　¥3,000（税抜）

コラーゲンを入れて美肌仕立てに

十六茶チャーハン&スープ

ふりかけの旨みで塩分控えめでも美味

十六茶チャーハン

材料(2人分)

ご飯…400g(茶碗に多めの2杯分)
万能ねぎ…適量
卵…2個
ベーコン…2枚分
長ねぎ(みじん切り)…1/2本
十六茶ふりかけ…大さじ4
塩…適量
油…適量

作り方

①熱したフライパンに油を入れ、溶き卵を入れる。卵に7割程度火が通ったら、ベーコン、長ねぎを炒め、ご飯を加えて均一になるように炒め混ぜ合わせる。
②十六茶ふりかけ、塩を入れ手早く混ぜる。
③器に盛り、小口切りにした万能ねぎを散らして出来上がり。

好みの具でアレンジ広がるお手軽スープ

十六茶スープ

材料(2人分)

水…360cc
十六茶ふりかけ…大さじ1と1/2
わかめ…適量
長ねぎ…適量
塩…適量

作り方

①鍋に水を入れ、煮立ったら十六茶ふりかけを加え、ひと煮立ちさせる。
②食べやすく刻んだわかめと細切りにした長ねぎを入れ、お好みで塩をふって出来上がり。

十六茶の香ばしい香りで
食欲アップ！

十六茶パスタ＆サラダ ガーリックトースト添え

ヘルシーなふりかけを粉チーズ代わりにひとふり

十六茶パスタ

材料（2人分）

スパゲッティ……160g
十六茶ふりかけ……大さじ2
ピーマン……1/2個 ┐
パプリカ（赤・黄）……各1/4個 │
アスパラ……4本 │ A
しめじ……1パック ┘
オリーブオイル……適量
にんにく……2かけ
塩、こしょう……適量

作り方

①たっぷりの熱湯に塩を入れパスタを茹でる。
②熱したフライパンにオリーブオイルを入れ、スライスしたにんにくを炒める。香りが立ったらAを加え炒める。
③②に①のパスタを入れ、十六茶ふりかけを加えて混ぜる。塩、こしょうで味を調整し、火を止める。器に盛って出来上がり。

十六茶の香ばしさが後引く美味しさ

十六茶ガーリックトースト

材料（2人分）

フランスパン……1/2本
無塩バター……15g
オリーブオイル……小さじ2
おろしにんにく……大さじ1
十六茶ふりかけ……適量

作り方

①フランスパンを約1cmの厚さにカットする。
②耐熱皿に無塩バターを入れてレンジで溶かし、オリーブオイル、おろしにんにくを加えて混ぜる。
③軽く①をトーストし②を塗る。十六茶ふりかけをかけ、再度トーストしたら出来上がり。

知る人ぞ知る人気の「十六酢」で

十六酢ドレッシング

材料（2人分）

十六酢……1/4カップ
塩……小さじ1
オリーブオイル……1/2カップ
黒こしょう……適量

作り方

①材料を全て混ぜるだけで出来上がり。

16種類の自然素材を使い、
こだわりの製法と手仕事の技で
作り上げた本格派のお酢。
さわやかな甘さでまろやかな味わい。
「SO-D 十六酢」
500mL ¥3,000（税抜）

ランチにぴったり！
野菜がたっぷりとれるメニュー

十六茶ガレット&十六茶ラテ

ふりかけの香味で小麦粉が蕎麦粉風の深い味に

十六茶ガレット

材料(2人分)

【ガレット生地】

A
- 小麦粉…50g
- 砂糖…大さじ1/2
- 十六茶ふりかけ…大さじ1と1/2

B
- 牛乳…1/4カップ
- 卵…3個
- 水…1/4カップ

【トッピング】

ピザ用チーズ…80g
生ハム…6枚
ベビーリーフ…適量
黒こしょう…適量
油…適量

作り方

①Aをボウルに入れ、泡だて器で均一に混ぜる。
②Bを加えて混ぜ、冷蔵庫で30分以上休ませる。
③中火で温めたフライパンに薄く油をひき、②の半量を流し、薄く均等に広げる。
④③の中央に卵1個を割り入れ、周りを囲むようにチーズを全体にのせる。蓋をし、卵の白身が白くなって生地に焼き色がついたら、四角になるように生地の端を内側に折り込む。
⑤器にのせ、ベビーリーフ、生ハムをトッピングし、黒こしょうをふって出来上がり。

コーヒーよりあっさり。軽い飲み心地

十六茶ラテ

材料(2杯分)

十六茶ティーパック…1袋
水…1カップ
牛乳…1/2カップ
砂糖…大さじ1

作り方

①鍋に水と十六茶ティーパックを袋のまま入れ火にかける。
②沸いたら十六茶を取り出し、牛乳、砂糖を入れよく混ぜる。
③カップに注ぎ、お好みで泡立てたミルクを注いで出来上がり。

栄養たっぷりの朝食で
エネルギーチャージ

十六茶御膳

塩に十六茶ふりかけを混ぜて、ひと工夫

十六茶天ぷら

材料（2人分）

【天ぷら】
海老…6本
白身魚…2切れ
野菜（なす、かぼちゃ、舞茸など）…適量
小麦粉…適量

【天ぷら衣】
冷水…180ml
卵黄…1個
小麦粉…100g
揚げ油…適量

【十六茶塩】
十六茶ふりかけ…小さじ1
塩…小さじ1/2

作り方

①海老、野菜、白身魚は天ぷら用に下ごしらえをし、小麦粉を付け余分な粉を落とす。
②具材を天ぷら衣にくぐらせ、180℃に熱した油で揚げる。
③十六茶ふりかけと塩を混ぜて十六茶塩を作り、天ぷらに添えれば出来上がり。

旬の青菜をおいしく健康的に

十六茶あえ

材料（2人分）

ほうれん草…60g
十六茶ふりかけ…適量

作り方

①鍋にお湯を沸かし、ほうれん草を茹でる。
②①を氷水で冷まし、水気を絞ったら3cmの長さに切る。十六茶ふりかけとあえたら出来上がり。

桜海老の香りが食欲をそそる

十六茶炊き込みご飯

材料（2〜4人分）

十六茶ティーパック…1袋
米…2合
桜海老（乾）…20g
三つ葉（茹でたもの）…適量
水…2合分
醤油…大さじ1と1/2（A）
酒…大さじ1と1/2（A）
みりん…小さじ2（A）

作り方

①桜海老をフライパンで煎る。香りが出てきたら、皿に移して冷ます。
②炊飯器に研いで水気を切った米とAを入れ、2合の目盛りまで水を入れる。十六茶ティーパックを袋のまま入れて10分置く。軽く混ぜた後、①を加えて炊く。
③炊き上がったらティーパックを取り出す。器に盛り三つ葉をのせて出来上がり。

冷凍庫に作り置きすると便利なつみれで

十六茶鶏つみれ汁

材料（2人分）

A
鶏ひき肉…150g
鶏軟骨（細かく刻む）…30g
十六茶ふりかけ…大さじ2
おろし生姜…大さじ1/2
白ねぎ（みじん切り）…1/4本
卵黄…1/2個
塩…ひとつまみ
こしょう…少々

B
だし汁…2カップ
塩…適量
醤油…適量

作り方

①ボウルにAを入れて混ぜ合わせる。
②鍋にBの材料を入れて火にかけ、沸いたら①のつみれをスプーンですくって丸く整え、鍋に入れる。
③つみれが浮かんで火が通ったら出来上がり。
※十六茶美人鍋（P74）の具材としてもおすすめです。

十六茶のおいしさを
ご膳仕立てに

十六茶黒蜜のスイーツ4種

香り高い十六茶黒蜜で、
上品な甘さの大人スイーツを

メイプルシロップより大人の味に

十六茶ホットケーキ

材料

ホットケーキ……人数分
トッピングの具（果物、ハーブなど）……適量
十六茶黒蜜……適量
※十六茶黒蜜がゆるい場合は、火にかけてお好みの固さにする。

作り方

①ホットケーキを人数分焼き、お好みの具をのせ、十六茶黒蜜をかけて出来上がり。

ひんやり＆さっぱり。お口直しにも

十六茶シャーベット

材料（2〜3人分）

十六茶（濃く煮出したもの）……1と1/4カップ ┐
オレンジの皮……1/2個分 ├ A
レモンの皮……1/4個分 ┘
コアントロー……大さじ1/2
十六茶黒蜜……1/4カップ

作り方

①鍋にAを入れ、火にかける。煮立ったら火を止め、蓋をして15分ぐらい置き、こす。
②①を火にかけ、十六茶蜜を入れて溶かし、コアントローを加える。
③バットに流し入れ、冷凍庫で冷やす。途中30分おきくらいにフォークでかき混ぜ、固まったら出来上がり。

甘さ控えめの蜜で素材が引き立つ

十六茶大学芋

材料（2人分）

さつまいも（中）……1本
十六茶黒蜜……80ml
醤油……適量
揚げ油……適量
黒ごま……適量

作り方

①さつまいもを乱切りし、水にさらす。キッチンペーパーで水気を取り、170℃の油で5分くらい揚げる。
②温めたフライパンに①と十六茶黒蜜、醤油を入れ、照りがつくまで絡める。
③黒ごまをふりかけて出来上がり。

洋風のプリンが和スイーツに大変身

十六茶プリン

材料（直径7cmのカップ4個分）

牛乳……1と1/4カップ ┐A
砂糖……大さじ3 ┘
卵……2個
バニラエッセンス……少々
十六茶黒蜜……適量

作り方

①Aを鍋に入れ、火にかけて砂糖を溶かし、火を止める。
②①の粗熱が取れたら、溶いた卵とバニラエッセンスを加えて混ぜ合わせ、ざるなどでこす。
③器に②を流し入れ、弱火で10〜12分蒸して火を止める（串を刺し、透明の汁が出たらOK）。
④粗熱が取れたら冷蔵庫で冷やし、十六茶黒蜜をかけて出来上がり。

まだまだある！簡単＆おいしいアレンジ料理

「十六茶」レシピ PLUS＋

十六茶割り

焼酎を「十六茶」で割った「十六茶割り」。香り高くすっきりした口当たりが食事によく合う！焼酎と「十六茶」は4：6が目安。不思議と二日酔いしないと社内でも好評です。

十六茶パン

彩りも香りも食欲をそそるのは、ドライフルーツと一緒に「十六茶」を混ぜ込んで焼いた「十六茶パン」。香ばしさと歯応えを楽しめる栄養価の高い朝食に！

＊電動ミルで細かくパウダー状にした「十六茶」を使用

簡単ディップソース

マヨネーズに「十六茶ふりかけ」と隠し味の味噌を少々。「簡単ディップソース」が完成！スティック状の野菜を添えれば、おしゃれなもう一品に。

チーズトースト

忙しい朝は、食パンに溶けるチーズをのせて「十六茶ふりかけ」をトッピング。トースターで焼いて「チーズトースト」に。エネルギーをしっかり補給して元気な一日のスタートを！

ぷるぷるゼリー

「十六茶黒蜜」に水を加えて煮立てたらゼラチンで固めて「ぷるぷるゼリー」に。ゼラチンの正体、実はコラーゲン！美肌美人を目指すなら、こんなヘルシーデザートがおすすめ。

かき氷

「十六茶黒蜜」をかけた「かき氷」の美味しさは格別。後をひかない自然な甘さが広がります。バニラアイスにかけても香り高い簡単和スイーツになります。

第6章

「十六茶」Q＆A

シャンソン化粧品には、全国から「十六茶」に関する
様々なお問い合わせが寄せられます。
幅広いラインナップをもつ国民的健康茶だからこそ
もっと知りたい、というご要望も多いのかもしれません。
よくあるご質問に対する回答をまとめました。

Q1. 「シャンソン十六茶」と「アサヒ十六茶」の違いは？

化粧品会社と飲料メーカーの業務提携により誕生した「十六茶」ですが、現在は煮出し用タイプとティーバッグタイプをシャンソン化粧品が、ペットボトルや缶入りタイプをアサヒ飲料が販売しています。「シャンソン十六茶」は煮出すタイプなので、比較的濃いめに入れ、湯のみでじっくり味わいながら飲むことを想定しています。濃いめに入れてもさっぱりとした味わいになるような素材を選んでいます。

一方、「アサヒ十六茶」は誰もが気軽に購入し、喉の渇きを癒すためにゴクゴク飲むことを想定しています。そこで、すっきりとしたくせのない味であることが求められます。ですから、緑茶やウーロン茶を使用せず、カフェインゼロにこだわった素材を選んでいます。雑誌広告などで「カフェインゼロ」という特長を打ち出し、妊娠中の方でも安心してお飲みいただけることをアピールしています。

アサヒ十六茶（ペットボトル）

シャンソン十六茶（煮出し用）

Q2. カフェインは、入っていますか？

「シャンソン十六茶」には、緑茶やウーロン茶を使用しているタイプと、使用しない「カフェインゼロ」のタイプがあります。緑茶やウーロン茶を使用しているタイプでも、素材を焙煎する過程でカフェインは減少するため、カフェイン量はごく微量です。煮出す濃さによってもカフェイン量は変化しますが、たとえ濃く煮出したものを夜に飲んでも、眠りを妨げることはありません。

飲み物に含まれるカフェイン量（100mlあたり）

コーヒー
約80mg

緑茶
約20mg

紅茶
約30mg

シャンソン十六茶
約0～2mg

Q3. 美肌づくりに良い素材は入っていますか？

「十六茶」に含まれる自然素材の中でも、代表的な素材である「ハトムギ」は、美容に良いことから宮廷料理にも用いられていました。化粧品の配合成分としてもおなじみです。

また、忙しい現代人は様々なストレスを抱えながら生活しています。ストレスは活性酸素を生み出し、肌あれを起こしたり、シミやシワの症状を加速させるだけでなく、様々な病気の原因にもなります。

「ルイボス」「紅茶」「コガネバナ」には、美肌や健康の大敵である活性酸素に負けない「抗酸化作用」があることが知られています。「SO-D 十六茶」には、この「ルイボス」「紅茶」「コガネバナ」が配合されており、シャンソンのエステサロンで人気を博しています。

シャンソンのエステサロンで

大人気!

「SO-D 十六茶」(10g×30袋)

ストレス ⟶ 活性酸素が発生!

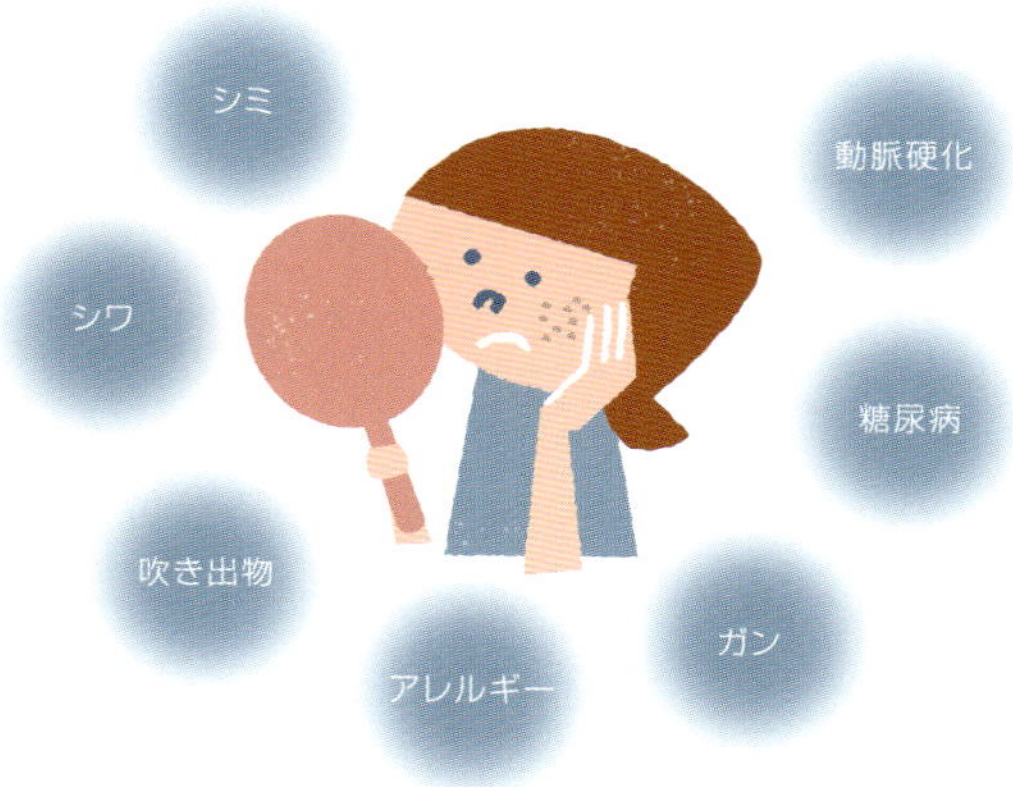

「SO-D 十六茶」には、抗酸化作用のあることが知られている
厳選素材を配合!

①水道水、②煮出した「SO-D 十六茶」に釘を浸けます。
その24時間後に釘を取り出して、サビの状態を観察しました。

①水道水　②煮出した「SO-D 十六茶」

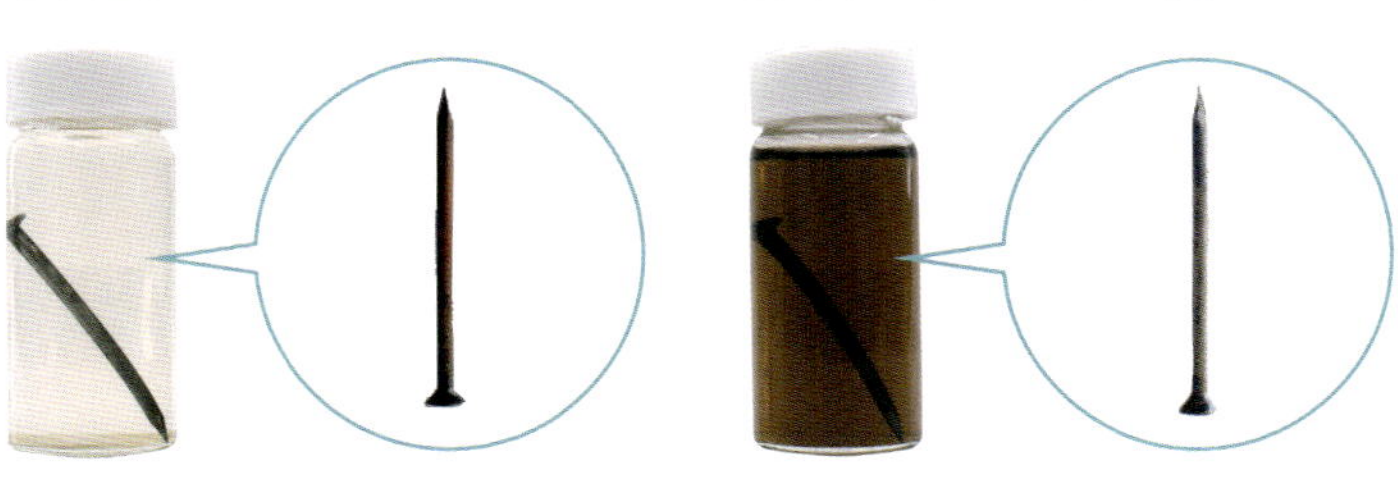

①は釘が茶色くさびている　②は釘がさびていない

Q4. 子供に飲ませたいのですが、どうでしょう？

緑茶やウーロン茶を使用しているタイプでも、「シャンソン十六茶」のカフェイン量はごく微量。お子様や妊婦さんにもおすすめの低カフェイン飲料です。うすめてお飲みいただければ、さらに安心してお飲みいただけます。また、「カフェインゼロ」のタイプもありますので、お好みに応じてお召し上がりください。

また、赤ちゃんには、和光堂とアサヒ飲料のコラボレーション商品である「赤ちゃんの十六茶」がおすすめです。ノンカフェインというだけでなく、甘みのある穀類や豆類を多く配合しているため、苦味がなく、赤ちゃんにも飲みやすいブレンドになっています。

カフェインゼロのシャンソン十六茶

十六茶カフェインゼロ
20P煮出し用（6g×20袋）
ドラッグストア・量販店用

十六茶　煮出し用
16P（6g×16袋）
ドラッグストア・量販店用

十六茶　ティーバッグ
16P（2g×16バッグ）
ドラッグストア・量販店用

和光堂の赤ちゃん用十六茶

赤ちゃんの十六茶
125ml×3本、500ml

Q5. 「十六茶」の安全性はどのように管理されていますか？

「十六茶」に使用されている素材は、天然素材です。その年の天候によっても出来具合が左右されます。常に原産地の気候や栽培状況を確認し、細心の注意を払っています。また、原産地への視察も行い、栽培の状況や栽培地の周りの環境などを実際に見て、確認しています。

工場に届けられる「十六茶」の素材は、検査規格をクリアしたものだけが「十六茶」に使用されます。穀類については、遺伝子組み換えが問題視されていますが、「十六茶」には遺伝子組み換えの素材は一切使用していません。使用する素材については、「遺伝子組み換えをしていない」という証明書を取得し、確認しています。農薬検査の実施や放射能分析も必要に応じて行い、万全な態勢で「十六茶」の生産に取り組んでいます。

さらに、16種類の素材が、「十六茶」となって工場から出荷されるまで、微生物試験、官能評価や機器を使用した分析など厳しい品質検査が行われています。

また「十六茶」には、防腐剤や保存料は一切含まれていません。どの素材も高温で焙煎されているため耐久性は良いのですが、防腐剤無添加なので賞味期限は短く設定しています。

Q6. トレーサビリティへの取り組みは？

食品の安全性が問題視される中、「トレーサビリティ」という言葉が関心を集めています。これを直訳すると、「追跡可能性」。商品の流通や栽培の履歴が、素材までさかのぼれるか、そしてきちんと証明できるか、という意味です。安全性を重視している「十六茶」ですから、素材の仕入れから工場での生産に至るまで、このトレーサビリティへの取り組みも重要だと考えています。

いつでもどこでも、どなたにも安心して飲んでいただけるよう、「安全性」には常に細心の注意を払っています。

Q7. 飲んだり料理に使う以外の活用法はありますか？

身体も心もぽかぽか
お肌ぴかぴか「十六茶」風呂

「十六茶」のティーパック2〜3袋を浴槽に入れます。ほんのり褐色に色づいたお湯は、香りが良く身体も芯からぽかぽか。お肌もしっとりぴかぴかに。気分はまるで温泉の薬草風呂!

優秀な天然肥料
「十六茶」殻肥料

「十六茶」の茶殻を袋から取り出し、庭やプランターに撒けば、栄養豊富な肥料に。家庭菜園にぴったりです。

工場の粉塵は地元のお茶畑に

十六茶工場から出る茶葉の粉塵は、地元静岡のお茶農家に肥料として提供されています。

CLOSE UP!! CHANSON COSMETICS part.3

シャンソンのエステティックサロンでは、お客様一人ひとりに「真美容理論」と呼ばれるスキンケア方法をお伝えし、美肌づくりのサポートを行っています。その一端を、ここでご紹介しましょう。

真美容理論とは

化粧品の効果を最大限に引き出すため、シャンソン化粧品が長年の皮膚科学研究から導き出したスキンケア理論。

「真美容理論」
監修/シャンソン化粧品　1,143円＋税

真美容理論 Point1

32℃のW洗顔

夜の洗顔は、クレンジングでメークアップ料を落とし、その後泡立つ洗顔料で古くなった角質や汚れを落とす「W洗顔」を行いましょう。この時、洗い流す水の温度が重要。温度が低いと余分な皮脂が洗い流せず、温度が高すぎると必要なうるおい成分まで流れてしまい、肌トラブルの原因に。洗顔の最適温度は肌の表面温度に近い「32℃」だと心得て。

真美容理論 Point2

手のひら使い

化粧品をつけるとき、コットンを使うと必要以上に力が入り、肌のキメを磨耗させる原因に。最高の化粧道具である「手のひら」を使えば、肌を傷めることなく化粧品をつけることができます。つける前に、両手のひらをこすり合わせて化粧品をあたためると、肌なじみがよくなり、スムーズに浸透させることができます。

第7章

「十六茶」を語る

まだまだ伝えきれない「十六茶のひみつ」。
「十六茶」の愛飲者でもある専門家の先生や
日頃から「十六茶」に囲まれて生活する社員が語る、
さらなる「十六茶のひみつ」に迫ります。

専門家が語る「十六茶」

漢方理論から見た「十六茶」

辻 邦郎 氏
静岡県立大学名誉教授 元副学長、横浜薬科大学前学部長

健康に勝るものはありません。しかし、社会システム、食生活、生活様式等の急激な変化により、体調を崩す人も多く、病院の待合室はいつもいっぱいです。病院に行けば治してもらえると思って行くのですが、良くならない病気も多くあります。このことは、現代医療に限界、不備があることを意味しています。

世界には多くの医術が存在しますが、その中で科学的に体系化された医療としては、西洋医学と中国医学(中医学、日本では漢方)しかありません。万能、完璧と思われていた西洋医学の限界、不備が表面化するに至り、その解決策を中医学に求める機運が世界的に高まってきたのは、当然の成り行きと思われます。

中医学における病気治療の考え方は、対症療法を基本とする西洋医学とは根本的に違います。中医学における病気治療の基本概念は、人体を正常な状態に戻し、人間が元来、備えている自然治癒力を回復させ、病気を治そうとするものです。自然治癒力が回復すれば、軽度の身体の不調(未病)、病気の予防、病気からの快復に効果が期待され、現代医学の不備、不足部分を補うことができるはずです。中医学では人間を正常な状態に戻し、健康体とするには、「気・血・水」の調和が重要であり、このバランスが乱れると病的状態になると述べています。

大切な「気」「血」「水」の調和

「気」とは身体全体をコントロールし

ている脳、神経系（コンピューター）のこと、「血」とは身体に必要な物質のスムーズな運搬、そして「水」とは老廃物の排泄と考えると、理解しやすいと思います。中医学では、気、血および水の不調に使用する薬草が各々用意されており、症状により、それらを数種類ブレンドして投与しています。

ストレスの多い現代社会では、うつ病が大きな社会問題となっていますが、うつ病、気力減退等は「気」の不調によるものです。「血」の異常は血液不足、血液の質の低下、血液循環の滞り等によるもので、肌荒れ、貧血、色素沈着、炎症などの原因になります。「水」が異常をきたすと老廃物が体内に溜まり、浮腫、吹き出物、めまい、悪心嘔吐などの症状が出ます。

「十六茶」は、漢方薬、民間薬として昔から使用されてきた16種類の生薬が配合されています。それらを「気血水」の観点から見てみますと「気」、「血」、「水」の不調に効果のある生薬が、驚くことに絶妙のバランスで配合されています。これは、美と健康を考え続けてきたシャンソン化粧品ならではの配合と言えるでしょう。身体の不調やストレスは直ちに肌に現れますが、「十六茶」は女性特有の悩みを解消する健康茶と言えます。

「十六茶」でセルフメディケーション

厚生労働省は２０１３年、わが国の男性の平均寿命が初めて80歳を超え、女性は８６・６１歳で世界一であることを発表しました。しかし、要介護が増えては喜んではいられません。わが国の医療費は40兆円に迫っております。世界各国でも医療費の増加が大きな問題となってきており、世界保健機構は「自分自身の健康に責任を持ち、軽度な身体の不調は自分で手当てすること」という所謂セルフメディケーションを提唱しています。しかし、具体的な方法については提示されておりません。巷に溢れる健康食品の中には、科学的に安全性、有効性に疑問があるものもありますが、それに頼らざるを得ないのが現状です。

「十六茶」は、漢方薬または民間薬として、長く使用されてきた生薬を原料としており、安全性が保証されています。さらに中医学理論からも理にかなった健康飲料と言えます。「予防に勝る治療なし　Prevention is better than cure」という言葉がありますが、「十六茶」を日々飲用すれば、自然治癒力を高め、健康維持に役立つことでしょう。

「SOD 十六茶」について

岡部 敬一郎 氏

理学博士、食品保健指導士、
学校法人食糧学院 長寿健康ベターエイジング
研究所 所長

「十六茶」のファンになったきっかけは、ひと昔も前のこと、初めて静岡のシャンソン化粧品をお訪ねして川村社長にお目にかかり、十六茶製造工場を見学した時のことです。焙煎と粉砕を経て茶要素をブレンドするという創意に満ちたプロセス開発の歴史を拝聴し、いたく感服しました。お茶どころ静岡で漢方の思想を取り入れ、創製された「黄金色のブレンド茶」。厳選された配合素材は「エイジングケア」の立場からも注目されます。

近年、我々の体の中で発生する「活性酸素」が遺伝子、脂質、タンパク質などを傷つけ、細胞機能を壊し、様々な病気を引き起こす原因となっていることが明らかにされています。病気の90％は活性酸素が原因と言われるほどです。本来、体内ではスーパーオキサイドディスムターゼ（SOD）などの抗酸化性物質が合成され、常に「活性酸素」を瞬時に消去する防御機構が働いています。しかし、私たちの体内では、過剰なストレス、例えば細菌感染・紫外線・タバコ・農薬・排気ガス・食品添加物・アルコールなど、さらに加齢などが引き金となり、その活性酸素消去能が追いつかない現状があります。

これらの体内酸化ストレスを軽減し、体内恒常性を維持するためには、抗酸化性食材を毎日の食事からバランスよく補給し続けることが大事であり、抗酸化性食材であるSOD活性食品の効果が注目されています。中でも、光合成をして酸素を発生する植物は、体内にSODなどの抗酸化性物質系を大量に合成して「活性酸素の破壊的毒性」を最小にとどめるシステムをもっていることが知られています。

「SOD 十六茶」には、生活習慣病予防、そして心の安らぎと憩い効果を示唆する植物素材が配合されています。これらの植物素材は、水溶性ミネラルやポリフェノールなどファイトケミカルを含み、不足しがちな生体の抗酸化物質の補給維持に役立つと考えられます。

私も、仕事机の傍らに「十六茶」を置き、来訪者ともご一緒に愛飲しております。毎日の生活の中で、「十六茶」のような予防医学的な喫茶習慣は、大事にしていきたいものです。

中国医学専門医の立場から

馮《フン》儒《ルー》寧《ニン》 氏
シャンソン化粧品健康アドバイザー、
上海中医薬大学卒

中国医学は、患部だけでなく患者全体を診るバランスの医学です。全てのものを「陰と陽」の相反する二つの要素になぞらえて、そのバランスをとることを重要視するのです。

ですから、中国医学の考えを取り入れた「十六茶」もバランスを非常に重視した飲み物と言えます。ある効果に特化するのではなく、十六の素材が六臓六腑にバランスよく働きかけ、自然治癒力を高めながら、体内のバランスを整えます。

そして、四つの味覚をバランスよく刺激し、美味しく飲みやすい味わいを実現しています。また、味覚というのは体外から受ける刺激です。六臓六腑（体内）と体外のバランスも保つことができるのです。まさに、中国の「陰陽論」をカタチにしたような飲み物なんですね。

素材ごと焙煎してからブレンドするというところも、煎じてから飲むというところも、漢方薬と作り方が似ていますね。でも、薬とは違い、健康食品の目的は治療ではありません。滋養のある食べ物と一緒に「十六茶」を飲み、その美味しさを堪能していただくのが良いのではないでしょうか。毎日楽しみながら飲むことが、健康を維持する秘訣だと思いますよ。

社員が語る「十六茶」

シャンソン化粧品 マーケティング部
市川 貴子 さん

パイオニア精神!

ブレンド茶のパイオニアである「十六茶」。今や、様々なブレンド茶商品がある中で、その金字塔となった会社で働いているというのはうれしいですね。私は現在、化粧品の企画を行っていますが、実は化粧品でもシャンソン化粧品は「日本初」「世界初」を世に送り出しているんですよ。私も「十六茶」に負けない商品をこれから皆様にお届けできたらと思っています。

「十六茶」だけじゃない! 化粧品の「○○初」

*1966年「ハイキャローム」
…日本初「カロペプタイド」開発
*1976年「初代マキシドール」
…医薬部外品で初めて「コラーゲン」「ホホバ油」を配合
*1980年「ルミネスク」
…日本初「紅高麗人参」配合化粧品
*1988年「シャンソニエ」
…「ナノ」の登録商標を取得
*2009年「オーガトゥール」
…日本初のエコサート認定工場より誕生

ハイキャローム

初代 マキシドール

ルミネスク

シャンソニエ

オーガトゥール

私と「十六茶」

妊娠中、つわりがひどかったのですが、「十六茶」は香りや味もすっきりさわやかで美味しく飲めました。しかもカフェインレスで妊婦の味方ですね。また、和洋中、どんな料理にも合うので、シーンを選ばず、家族全員で飲んでいます。

Staff talks about 16 tea

シャンソン化粧品 研究開発部
小柳津 翔太 さん

素材の力を最大限に発揮させるブレンド技術！

化粧品の成分配合を常に考えている私にとって、「十六茶」のブレンド技術にはいつも感心しています！「十六茶」の原料はひとつひとつ見ると、とても個性的ですが、飲んでみると全くクセがなく、本当にうまくブレンドされていると思います。また、化粧品原料として使われている素材が多く、まさに「身体の中から美しく」なるためのお茶ですね。

「十六茶」に配合する素材を使った化粧品も

シャンソン化粧品では、自然治癒力を秘めた和漢植物の可能性に着目した化粧品を、「十六茶」が発売されるずっと前から展開していました。ですから、「十六茶」に「高麗人参」や「霊芝」といった貴重な素材を入れたのも、ごく自然な考え方だったのかもしれません。

＊「ルミネージュ」…「紅高麗人参」「霊芝」、そして発酵させた「ハトムギ」エキスを配合。体調やストレスから不安定に揺れ動く肌のエイジングケアを考えた薬用スキンケアシリーズです。

ルミネージュ

和漢植物発酵成分

ハス種子発酵エキス

デイリリー花発酵エキス

ハトムギ発酵エキス

基本の和漢植物成分

カッコン

ボタン

霊芝

紅高麗人参

アロエベラ

ユキノシタ

私と「十六茶」

私は、学生時代からテニスをやっているので、そんな時も「十六茶」は欠かせません。真夏の炎天下、30℃以上ある中での運動は、熱中症の危険も多いですからね。カフェインが多く含まれる飲み物は利尿作用があり、脱水症状になりやすいので、カフェインレスの「十六茶」なら安心です。

シャンソン化粧品
総務法務部
川口 早矢 さん

社内は「十六茶」三昧です！

社員食堂はもちろん、各部署に毎日煮出した「十六茶」がサーバーに用意され、いつでも飲むことができます。ランチメニューには、「匠十六雑穀」を使った雑穀カレーなどもあり、まさに「十六茶」三昧。おかげで毎日楽しく、元気に仕事ができます。

匠十六雑穀カレー

Staff talks about 16 tea

シャンソン化粧品
デザイン部門
玉田 裕子 さん

「十六茶」を飲んで、運気も上昇!?

「十六茶」のロゴは、発売当初「十」の横棒が右下がりだったのをご存知ですか？ 現在は、縁起を担いで右上がりに変わっています。それは、「十六茶」を飲んで、多くの人に健康で元気に過ごしてほしいという願いが込められているからです。しかし、ロゴイメージは一貫して変わることなく、シンプルでいて〝美しい〟まま。それは、開発当初から変わることのない「より美しく、より健やかに」を体現しているのだと思います。

現在の「十六茶」のロゴは十の字が右上がりになっている

Staff talks about 16 tea

シャンソンティーワールド
北村 博之 さん

どこまでも素材を探しに！

「十六茶」には自然素材が使われているので、採取した時期やその時の気候など環境変化によって品質にバラつきが出ないよう、日本はもとより世界各国をめぐり、常に最高品質の素材を仕入れるようにしています。

時には人が簡単には到達出来ない山深い奥地まで足を運ぶことも。「十六茶」には、そうした中で見つけた生命力の高い原料を厳選して使用しています。産地によって味や効果も変わってきますからね。

国内外で素材を採集

Salon owner talks about 16 tea

シャンソンエステティックサロン
サロンオーナー
松本 ひとみ さん

「十六茶」でおもてなし

シャンソンの化粧品販売を始めて50年以上になりますが、今も元気に仕事を続けられるのは、発売当初から飲み続けている「十六茶」のおかげですね。味にくせがなく誰にでも喜ばれるので、サロンに来られたお客様へのおもてなしに最適です。じっくりお湯で煮出した「十六茶」を、夏は冷やして、冬はホットで。すると皆さん、必ずその香ばしさにびっくりされていますよ。特に温かい「十六茶」の香ばしさは格別です！また贈答用としても使えるので大変重宝しています。

エステの後にほっとひと息

スポーツと「十六茶」〜教えてVマジック〜

シャンソン化粧品の企業理念「Beautiful & Healthy」を
体現しているのがシャンソン女子バスケットボールチーム「Vマジック」。
常にベストな状態でプレイできるよう体調管理に気を配る選手たち
にとって、「十六茶」は欠かせない存在です。
そこで今回はVマジックのマスコットキャラクター「マジタン」が、
スポーツの現場から「十六茶」の魅力をご紹介します!

「本気と書いてマジ」。
マジタンです。よろしくね♪

アリーナ前

スポーツ時の水分補給に

選手たちが練習中や試合中に飲んでいるのは、もちろん「十六茶」。カフェインレスでカロリーゼロの「十六茶」は、スポーツ時の水分補給にも愛飲されています。

【カフェイン】

一般的なお茶にはカフェインが含まれており、利尿作用があるため、運動中に飲むには不向きという意見もあります。しかし、「十六茶」のカフェイン量は微量なため、運動中にもお勧めです。

【カロリー】

スポーツ飲料は飲みやすくするために実は糖分が多く含まれています。ですからダイエット中の人をはじめ、糖質を気にす

さっぱりとした味わいで、胃に負担がかからないから、試合中の水分補給にもイイよね！
CHANSON

温かい「十六茶」は、疲れた身体や心までほぐしてくれるんだね
CHANSON

V·MAGIC
CHANSON

体育館内

る人は飲み過ぎに注意が必要です。せっかく運動したのに…なんていうことにもなりかねません。その点、「十六茶」は絶妙なブレンドで美味しく仕上げており、しかもカロリーゼロなのが嬉しいポイントです。

疲労回復！そして、美容にも!?

寮で生活しているVマジックの選手たちですが、その寮で日々飲まれているのは、もちろん「十六茶」です。さまざまなシーンに合わせて、「十六茶」を飲み分ければ、さらに効果もアップ!?

【起床時】…「ダイエットブレンド 十六茶」／体を温め免疫力をUP！

【食事の時】…「新撰 十六茶」／濃いめに煮出して、ホットで。食事によく合います。

【就寝前】…「SOｰD 十六茶」／とってもいい香りで一日の疲れが癒やされます。「SOｰD」の働きで美容効果も期待♪

美と健康をサポートする

シャンソン化粧品
「十六茶」ラインナップ

シャンソン化粧品が手がける「十六茶」は、シャンソン化粧品の特約店サロン用、ドラッグストア・量販店用とさまざまなラインナップで展開しています。「十六茶」の素材を用いた雑穀や酢も好評です。

新撰 十六茶
15P（10g×15袋）
30P（10g×30袋）
十六種類の自然素材を独自の焙煎技術でブレンドした健康茶。

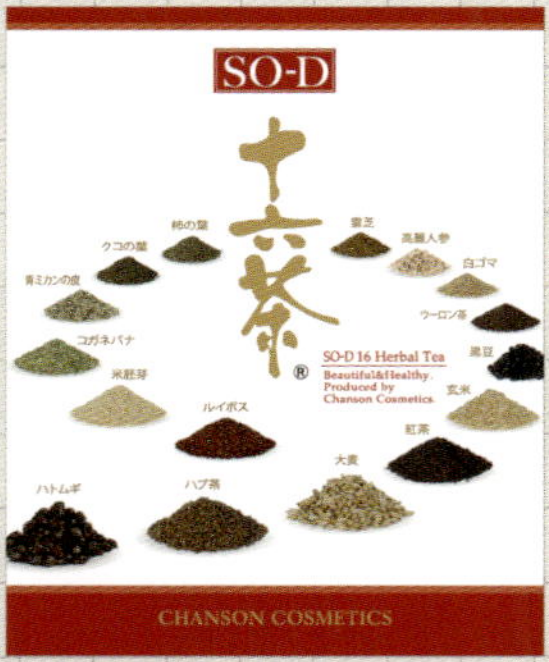

SO-D 十六茶（10g×30袋）

毎日の元気とキレイのために抗酸化作用のあることが知られている厳選素材をブレンドした健康茶。

ダイエットブレンド 十六茶
（6g×20袋）

ショウガやジャスミンなど女性の身体にうれしい十六素材をブレンドした美容健康茶。

十六茶品質の匠十六雑穀
(25g×18袋)
品質と産地にこだわった厳選十六素材を、匠によるブレンドで極めた純国産雑穀米。

特撰 十六酢(500mL)
十六種類の自然素材をブレンドし、伝統ある天然蔵で時間をかけて作り上げた本格派のお酢。

SO-D 十六酢(500mL)
抗酸化作用に着目し厳選素材を配合したコクのある贅沢な味わいの十六酢。

十六茶 カフェインゼロ
20P(6g×20袋)
ドラッグストア・量販店用に十六茶のブレンドをアレンジしたカフェインゼロの煮出し用。

十六茶 煮出し用
16P(6g×16袋)

十六茶 ティーバッグ
16P(2g×16バッグ)

ドラッグストア・量販店用に十六茶のブレンドをアレンジしたカフェインゼロの少量タイプ。

十六茶 D-Ⅲ
(6g×20袋)
ドラッグストア・量販店用のマイルドで飲み飽きないおいしさ。

十六茶 キャラメル
NET70g(約12粒)
十六茶を練りこんだ、香ばしく豊かな味わいのソフトキャラメル。

商品のお問合せ先

株式会社　シャンソン化粧品

〒422-8615　静岡県静岡市駿河区国吉田2-5-10
TEL054-265-7119　http://www.chanson.co.jp

おわりに

株式会社シャンソンティーワールド
取締役社長　飯田　治

1985年にシャンソン化粧品で誕生した「十六茶」は、これまで多くの皆様に認めていただき、「アサヒ十六茶」としても名実ともにビッグブランドとなり、現在も成長し続けながらブレンド茶のパイオニアとしての地位を確立してまいりました。これもアサヒ飲料様の力が絶大であったからと感じております。さらに、最も重要な要因としては、シャンソン化粧品の川村修社長による親しみやすく読みやすい「十六茶」という命名がその理由であると考えています。

食の安全が叫ばれている昨今、安心・安全に十分に留意しながら、大量に生産しながらもお客様に安心してご愛飲していただけますよう、原材料の徹底した検査を実施し、必死になって「十六茶」を守る努力を続けてまいりました。このような経緯の中、「十六茶」も様々な種類の商品が誕生し、多くの皆様にご愛飲をされてここまでまいりました。これも東洋医学に基づいた六臓六腑四味覚という理念をかたくななまでに守り続けてきた成果であると実感しております。これを念頭に置き、関連した商品を築き上げてまいる所存でおります。そして今後も、美味しくて身体に良い、そして誰からも愛される健康茶「十六茶」を作り続けてまいります。

2007年、初めて「十六茶」をクローズアップした書籍「十六茶の秘密」を刊行いたしましたが、今回あらためて分かりやすく再編集し、私どもの熱き思いとともにまとめ上げました。皆様方には、一読したうえで「十六茶」の一層なるご愛飲をお願い申し上げます。

愛され続ける 十六茶のひみつ

2015年11月16日 初版発行

著者・発行 株式会社 シャンソン化粧品
〒422-8615 静岡県静岡市駿河区国吉田2-5-10
TEL 054-261-8181 FAX 054-261-8877

編集
シャンソン編纂チーム
飯田 治
石上 一葉
小林 央典
笹山 真希子
田中 千裕
堀江 清彦
杉山 圭以子

制作
静岡新聞社出版部

デザイン
森 奈緒子(sky beans)

料理撮影
望月 やすこ(fourseason)

発売元 ㈱静岡新聞社
〒422-8033 静岡県静岡市駿河区登呂3-1-1
TEL 054-284-1666 FAX 054-284-8924

印刷・製本 図書印刷株式会社

ISBN978-4-7838-9916-7 C0060